AF617910

Schriften zum Verkehrsmarktrecht

herausgegeben von

Prof. Dr. Matthias Knauff, LL.M. Eur.

Band 9

Matthias Knauff (Hrsg.)

Barrierefreiheit im ÖPNV

6. Jenaer Gespräche zum Recht des ÖPNV

Nomos

Onlineversion
Nomos eLibrary

Die Deutsche Nationalbibliothek verzeichnet diese Publikation in der Deutschen Nationalbibliografie; detaillierte bibliographische Daten sind im Internet über http://dnb.d-nb.de abrufbar.

ISBN 978-3-7560-0365-5 (Print)
ISBN 978-3-7489-3851-4 (ePdf)

1. Auflage 2023

Vorwort

Die Herstellung von Barrierefreiheit im ÖPNV war und ist eine der zentralen Herausforderungen für seine Weiterentwicklung. Das gesetzliche Gebot, diese bis zum 1. Januar 2022 vollständig zu verwirklichen, konnte erwartungsgemäß nicht uneingeschränkt in die Realität umgesetzt werden. Gleichwohl hat es das Bewusstsein für die Aufgabe bei Aufgabenträgern und Verkehrsunternehmen geschärft. Der vorliegende Band dokumentiert die Mehrzahl der Vorträge, die bei den am 30. Oktober 2020 von der Forschungsstelle für Verkehrsmarktrecht an der Friedrich-Schiller-Universität Jena veranstalteten 6. Jenaer Gesprächen zum Recht des ÖPNV gehalten wurden, in aktualisierter Fassung. Dank für die finanzielle Unterstützung der Veranstaltung und des Tagungsbandes gilt der Kanzlei BBG und Partner (Bremen). Für die Unterstützung bei der Herausgabe des Bandes ist den Mitarbeiterinnen und Mitarbeitern meines Lehrstuhls, insbesondere Frau wiss. Mit. Janine Delcuvé und Frau stud. jur. Isabell König, zu danken.

Jena, im November 2022 *Prof. Dr. Matthias Knauff, LL.M. Eur.*

Inhalt

Grußwort

Jürgen Dusel[*]

Sehr geehrte Damen und Herren,

es ist Aufgabe des Staates, Recht zu setzen. Doch es ist ebenso Aufgabe des Staates, dafür zu sorgen, dass diese Rechte bei den Menschen auch ankommen. Im Bereich der Teilhabe von Menschen mit Behinderungen hat sich die Bundesrepublik Deutschland vor elf Jahren mit der Ratifizierung der UN-Behindertenrechtskonvention zur Schaffung einer inklusiven Gesellschaft verpflichtet. Ebenso wurde im Personenbeförderungsgesetz festgelegt, dass im öffentlichen Personennahverkehr bis zum 01.01.2022 eine vollständige Barrierefreiheit zu erreichen ist. Diese Rechte, als in Gesetze gefasste Versprechen auf Teilhabe und Barrierefreiheit, sind aber erst dann von Wert, wenn sie umgesetzt und erlebbar werden.

Beim Thema Barrierefreiheit kommt ein weiterer Aspekt hinzu. Denn findet sie nicht statt oder wird sie nicht gewährt, haben wir nicht nur ein rechtliches, sondern auch ein soziales Problem. Barrierefreiheit – nicht zuletzt im öffentlichen Personennahverkehr – hat eine tiefe soziale Dimension. Sie bildet die Voraussetzung für ein uneingeschränktes gesellschaftliches Miteinander, in dem alle Menschen sich frei bewegen, sich begegnen und gemeinsam etwas erleben können, überall und zu jeder Zeit.

Eine entscheidende Rolle bei der Umsetzung von Barrierefreiheit spielt die Heterogenität der Gruppe der Menschen mit Behinderungen. Daher sind die Anforderungen an einen barrierefreien ÖPNV auch breit gefächert. Sind Bahnhöfe, Busse und Waggons zugänglich für Menschen mit Rollator oder Rollstuhl? Gibt es ein Leitsystem, damit blinde Reisende selbstständig den Weg zum Bahnsteig finden? Und sind Fahrplaninformationen so gestaltet, dass beispielsweise auch Menschen mit kognitiven Einschränkungen diese verstehen können?

Auch aufgrund dieser Komplexität wird Barrierefreiheit heute noch von vielen als umständlich, wenn nicht gar störend wahrgenommen. Dabei ist Barrierefreiheit, insbesondere auch in einer älter werdenden Gesellschaft,

* Der Verfasser ist Beauftragter der Bundesregierung für die Belange von Menschen mit Behinderungen.

ein Qualitätsstandard und zeugt von Professionalität. Daher ist mein Appell, Barrierefreiheit neu zu denken – als spannende Herausforderung, die zu innovativen und modernen Lösungen einlädt. Denn eins sollte uns allen klar sein – wer heutzutage Infrastrukturen plant und Barrieren einbaut, ist schlichtweg nicht auf der Höhe der Zeit.

Damit der Bewusstseinswandel im Umgang mit Barrierefreiheit gelingt, braucht es mehr Wissen, Offenheit und Mut zur Kreativität, bei Architekt*innen, Stadtplaner*innen, Ingenieur*innen und nicht zuletzt auch bei uns Jurist*innen. Oder um es mit Friedrich Schiller zu sagen: „Es wächst der Mensch mit seinen größern Zwecken." Und ich glaube, wir alle müssen in dem Bereich noch ein bisschen wachsen und vielleicht wächst der Eine oder die Andere noch ein bisschen über sich hinaus.

In diesem Sinne wünsche ich Ihrer Tagung einen spannenden Verlauf mit einem guten Austausch und anregenden Diskussionen.

Völkerrechtliche Grundlagen

*Robert Uerpmann-Wittzack**

A. *Die UN-Behindertenrechtskonvention – ein Paradigmenwechsel*

Die Zeiten, in denen das Völkerrecht nur zwischenstaatliche Sachverhalte geregelt hat, sind lange vorbei. Heute ist auch die Barrierefreiheit im ÖPNV ein Thema für das Völkerrecht, genauer für den völkerrechtlichen Menschenrechtsschutz. Das zentrale Vertragswerk ist das Übereinkommen der Vereinten Nationen über die Rechte von Menschen mit Behinderung, kurz: die Behindertenrechtskonvention (BRK).

Die Behindertenrechtskonvention ist ein junges Instrument. Am 13.12.2006 wurde sie von der Generalversammlung der Vereinten Nationen verabschiedet. Am 24.2.2009 ist sie für Deutschland in Kraft getreten.[1] Mittlerweile gilt sie für 185 Staaten und hat damit beinahe universelle Geltung erlangt. Die UNO umfasst mit 193 Mitgliedern nur 8 Staaten mehr.[2]

Die Behindertenrechtskonvention ist erst 16 Jahre alt und damit ein sehr neues Menschenrechtsinstrument. Das Grundgesetz vom 23.5.1949 und die Europäische Menschenrechtskonvention vom 4.11.1950 sind im Vergleich dazu mit 70 Jahren alte Rechtstexte. Auch inhaltlich ist die Behindertenrechtskonvention ein modernes Instrument. Sie steht für einen Paradigmenwechsel, weg von der Fürsorge und hin zu einem rechtebasierten Ansatz.[3] Wurden Menschen mit Behinderung lange Zeit als Objekt staatlicher Fürsorge angesehen, werden sie nun als Subjekte mit eigenen Rechten wahrgenommen.

---

* Der Verfasser ist Professor für Öffentliches Recht und Völkerrecht an der Universität Regensburg, Kontaktadresse: robert.uerpmann-wittzack@ur.de. Die Nachweise wurden am 9.12.2022 aktualisiert.

1 Angaben zum Ratifikationsstand in der Vertragssammlung der Vereinten Nationen unter: https://treaties.un.org/Pages/ViewDetails.aspx?src=TREATY&mtdsg_no=IV-15&chapter=4&clang=_en.

2 Angaben zum Ratifikationsstand unter: https://treaties.un.org/Pages/ViewDetails.aspx?src=TREATY&mtdsg_no=I-1&chapter=1&clang=_en.

3 *T. Degener*, Die UN Behindertenrechtskonvention – Ansatz einer inklusiven Menschenrechtstheorie, JöR n.F. 67 (2019), 488 (488–490, 501).

Um der Behindertenrechtskonvention volle Wirkung zu verleihen, wurde zudem ein Expertenausschuss ins Leben gerufen, der sogenannte UN-Behindertenrechtsausschuss, der sich zweimal im Jahr in Genf trifft.[4] Er überwacht die Umsetzung der Behindertenrechtskonvention, indem er Staatenberichte prüft, Individualbeschwerden entgegennimmt und in sog. Allgemeinen Bemerkungen zur Auslegung und Anwendung der Konvention Stellung nimmt. 2014 hat er seine Allgemeine Bemerkung Nr. 2 der Barrierefreiheit gewidmet.[5]

Der Paradigmenwechsel weg von der Fürsorge und hin zu einem rechtebasierten Ansatz kommt auch in einer veränderten Definition von Behinderung zum Ausdruck. Während früher ein rein medizinisches Verständnis von Behinderung überwog, geht Art. 1 Abs. 2 BRK ebenso wie die Präambelerwägung e von einem medizinisch-sozialen Verständnis von Behinderung aus. Behinderung entsteht danach aus der Wechselwirkung von zwei Elementen. Auf der einen Seite steht eine körperliche, seelische, geistige oder Sinnesbeeinträchtigung. Dies ist das medizinische Element. Diese Beeinträchtigung trifft auf umwelt- oder einstellungsbedingte Barrieren. Dies ist das soziale Element. Aus der Wechselwirkung von Beeinträchtigung und Barriere entsteht die Behinderung. Diese Barrieren sind zum größten Teil von Menschen gemacht. Ist eine Person gehbehindert, liegt eine Beeinträchtigung vor. Die steilen Stufen eines alten Straßenbahnwagens sind eine Barriere, die sie nicht überwinden kann. Durch die steilen Stufen wird die Person behindert. Menschen sind also nicht behindert, sondern sie werden durch andere Menschen und durch ihre Umwelt behindert. Ziel muss es daher sein, Barrieren zu beseitigen. Damit bin ich beim Thema der Tagung und meines Vortrags: Barrierefreiheit.

Die Behindertenrechtskonvention widmet der Barrierefreiheit eine eigene Vorschrift, Art. 9 BRK. Blickt man allein auf diese Vorschrift, lässt sich die Tragweite der Forderung nach Barrierefreiheit innerhalb der Behindertenrechtskonvention allerdings kaum erfassen. Daher soll das Ziel der Barrierefreiheit zunächst in die verschiedenen Grundsätze der BRK eingeord-

---

4 S. dazu *T. Degener*, Die UN-Behindertenrechtskonvention, Vereinte Nationen 2010, 57 (60 f.).

5 UN-Behindertenrechtsausschuss (Committee on the Rights of Persons with Disabilities), General Comment No. 2 (2014), Article 9: Accessibility, UN-Dokument CRPD/C/GC/2; UN-Dokumente sind online abrufbar unter der URL https://undocs.org/ + Symbol, in diesem Fall also: https://undocs.org/CRPD/C/GC/2; deutsche Übersetzung durch das Deutschen Institut für Menschenrechte abrufbar unter: https://www.institut-fuer-menschenrechte.de/fileadmin/Redaktion/PDF/DB_Menschenrechtsschutz/CRPD/CRPD_Allg_Bemerkung_2.pdf.

net werden (B.). Ein zentrales Thema der BRK ist die Gleichbehandlung und Gleichstellung von Menschen mit und ohne Behinderung. Daher wird sodann die gleichheitsrechtliche Dimension der Barrierefreiheit aufgezeigt (C.). Vor diesem Hintergrund können die Anforderungen an Barrierefreiheit gemäß Art. 9 BRK entfaltet werden (D.). Schließlich soll kurz betrachtet werden, auf welchen Wegen die völkerrechtlichen Vorgaben der BRK in das deutsche Recht hineinwirken (E.), bevor ein kurzes Fazit gezogen werden kann (F.).

B. Art. 3 BRK: Die Grundsätze der BRK als Ausgangspunkt

I. Barrierefreiheit i.S.v. Zugänglichkeit (Art. 3 Buchst. e BRK)

Art. 3 BRK formuliert acht Grundsätze, die die Konvention prägen. An sechster Stelle steht in Art. 3 Buchst. e BRK die Barrierefreiheit, die hier als Zugänglichkeit bezeichnet wird. Barrierefreiheit und Zugänglichkeit sind zwei Seiten derselben Medaille. Wird der nächste Bus lediglich auf einer Anzeigetafel angekündigt, stellt dies eine Barriere für Menschen dar, die kaum oder gar nicht sehen können. Wird die Anzeigetafel mit einer Ansage kombiniert, wird die Barriere überwunden und die Information wird auch für Menschen mit visueller Beeinträchtigung zugänglich. Zugänglich meint barrierefrei. Damit ist Barrierefreiheit ein eigener Grundsatz der Konvention.

II. Barrierefreiheit als Mittel zur individuellen Autonomie und Unabhängigkeit (Art. 3 Buchst. a BRK)

Barrierefreiheit ist jedoch gleichzeitig Mittel zum Zweck. Oberste Ziele sind gemäß Art. 3 Buchst. a BRK Menschenwürde, individuelle Autonomie und Unabhängigkeit. Individuelle Autonomie und Unabhängigkeit besitzen eine physisch-räumliche Komponente: Dazu gehört es auch, sich eigenständig fortbewegen und Ziele wie Arbeitsstätte, Geschäfte oder Freunde ohne Hilfspersonen erreichen zu können. Der ÖPNV ermöglicht individuelle Autonomie und Unabhängigkeit, wenn und soweit er barrierefrei genutzt werden kann. Ein barrierefreier ÖPNV ist also Mittel zum Zweck der individuellen Autonomie und Unabhängigkeit.

III. Barrierefreiheit als Mittel zur Teilhabe und Inklusion (Art. 3 Buchst. c BRK)

In dieselbe Richtung weist der in Art. 3 Buchst. c BRK verankerte Grundsatz der vollen und wirksamen Teilhabe an der Gesellschaft und Einbeziehung in die Gesellschaft. Volle und wirksame Teilhabe bedeutet, dass Menschen trotz körperlicher oder anderer Beeinträchtigung wie alle anderen auch zur Arbeit, zu einer Demonstration oder ins Kino fahren können. Dafür benötigen sie einen barrierefreien ÖPNV. „Einbeziehung in die Gesellschaft“ klingt im Deutschen blass. Im englischen und spanischen Original findet sich hier der Begriff der Inklusion als Schlüsselbegriff des modernen Behindertenrechts. Während die Integration bei den Behinderten ansetzt und versucht, sie in die Lage zu versetzen, wie Nichtbehinderte am gesellschaftlichen Leben teilzunehmen, setzt Inklusion beim gesellschaftlichen Leben an, das so umgestaltet werden soll, dass Menschen trotz ihrer Beeinträchtigung gleichberechtigt teilhaben können.[6] Ein inklusiver ÖPNV ist ein Nahverkehr, der barrierefrei ist, so dass er allen Menschen gleichermaßen offensteht. Barrierefreiheit ist also eine entscheidende Voraussetzung für volle, effektive Teilhabe und Inklusion.

IV. Barrierefreiheit vor dem Hintergrund der Diversität von Menschen mit Behinderung (Art. 3 Buchst. d BRK)

Erwähnenswert ist auch noch Art. 3 Buchst. d BRK, der die Diversität von Menschen mit Behinderung betont. Für den ÖPNV bedeutet dies, dass es falsch wäre, sich auf Gehbehinderte zu konzentrieren, auch wenn dies ein wichtiges Thema ist. Vielmehr müssen beispielsweise auch diejenigen in den Blick genommen werden, die aufgrund einer Seh- oder Hörbeeinträchtigung bei der Nutzung des ÖPNV behindert werden oder die nicht in der Lage sind, komplexe Fahrgastinformationssysteme zu verstehen.

---

6 Dazu G. *Wansing*, Was bedeutet Inklusion?, in: T. Degener/E. Diehl (Hrsg,), Handbuch Behindertenrechtskonvention, 2015, S. 43 ff.

C. *Das Umfeld: Gleichbehandlung und volle Teilhabe*

I. *Gleichbehandlung als Grundsatz der BRK*

Ein zentraler Aspekt der BRK ist die Gleichheit. In den Grundsätzen des Art. 3 BRK erscheint dieser Aspekt unter anderem mit den Begriffen der Nichtdiskriminierung (Art. 3 Buchst. b BRK) und der Chancengleichheit (Art. 3 Buchst. e BRK). Auch die volle und wirksame Teilhabe gemäß Art. 3 Buchst. d BRK impliziert Gleichheit: Nur wenn Menschen unabhängig von ihren Beeinträchtigungen in gleicher Weise am gesellschaftlichen Leben teilhaben können, handelt es sich um eine volle und wirksame Teilhabe. Barrierefreiheit ist ein Mittel, um die Gleichstellung von Menschen mit und ohne Beeinträchtigung zu erreichen.

II. *Diskriminierung durch ungerechtfertigte Gleichbehandlung*

Eine materielle Gleichstellung von Menschen mit und ohne Behinderung lässt sich vielfach nicht durch schematische, formale Gleichbehandlung erreichen. Vielmehr kann die neutrale Anwendung einer Regelung eine Diskriminierung darstellen, wenn die besonderen Umstände der Person, auf die sie angewendet wird, nicht berücksichtigt werden.[7] Das gilt beispielsweise für ein allgemeines Verbot, motorisierte Fortbewegungsmittel in Fahrzeugen des ÖPNV mitzuführen. Mag es auch grundsätzlich gute Gründe für ein solches Verbot geben, reichen allgemeine Erwägungen nicht aus, um beispielsweise mobilitätseingeschränkten Personen das Mitführen eines E-Scooters zu versagen. Vielmehr muss für mobilitätseingeschränkte Personen eine Ausnahme vom generellen Verbot gemacht werden, wenn es nicht wichtige Gründe gibt, das Verbot auf solche Personen zu erstrecken, für die das Mitführen eines E-Scooters besonders wichtig ist. Es bedarf also entweder einer Ausnahmeregelung oder aber einer besonderen Begründung, warum keine Ausnahme gemacht werden kann. Im Busverkehr trägt die deutsche Praxis dem seit 2017 mit besonderen Regeln für das Mitführen von E-Scootern durch mobilitätseingeschränkte Personen Rechnung.[8]

---

7 Behindertenrechtsausschuss, Auffassungen vom 19.4.2012, Rn. 8.3 – H.M./Schweden, UN-Dokument CRPD/C/7/D/3/2011.

8 S. Ministerium für Bauen, Wohnen, Stadtentwicklung und Verkehr des Landes Nordrhein-Westfalen, Beförderungspflicht für E-Scooter mit aufsitzender Person,

III. Versagung angemessener Vorkehrungen

Grundsätzlich verbieten Gleichheitsrechte Ungleichbehandlung, verpflichten den Staat aber nicht, durch positive Maßnahmen Gleichheit herzustellen. Bei Behinderungen wäre materielle Gleichheit ohne positive Maßnahmen vielfach unmöglich. Daher kann eine behinderungsbedingte Diskriminierung gemäß Art. 2 Abs. 3 BRK auch in der Versagung angemessener Vorkehrungen bestehen. Vorkehrungen sind nach Art. 2 Abs. 4 BRK „notwendige und geeignete Änderungen und Anpassungen", die im Einzelfall vorgenommen werden, um einem Menschen mit Behinderung die gleichberechtigte Teilhabe zu ermöglichen. Angemessen ist eine solche Vorkehrung, wenn sie „keine unverhältnismäßige oder unbillige Belastung" darstellt. Eine angemessene Vorkehrung liegt beispielsweise vor, wenn auf Anforderung im Einzelfall ein mobiler Lift bereitgestellt wird, um eine Person im Rollstuhl in das Fahrzeug zu heben. Im Fernverkehr ist das durchaus realistisch, im Nahverkehr eher nicht.

IV. Barrierefreiheit als ex-ante-Verpflichtung

Die Pflicht, angemessene Vorkehrungen zu treffen, ist einzelfallbezogen. Sie greift dann ein, wenn ein Fahrgast entsprechende Vorkehrungen benötigt, um den ÖPNV nutzen zu können. Der Behindertenrechtsausschuss spricht daher von einer ex-nunc-Verpflichtung.[9] Demgegenüber stellt die Pflicht zur Barrierefreiheit eine sog. ex-ante-Verpflichtung dar.[10] Nach Art. 9 BRK ist der ÖPNV unabhängig davon barrierefrei zu gestalten, ob konkrete Fahrgäste mit Behinderung dies einfordern. Damit geht die Pflicht zur barrierefreien Gestaltung den Diskriminierungsverboten voraus. Angemessene Vorkehrungen kommen nur dort in Betracht, wo der ÖPNV noch nicht barrierefrei ausgestaltet ist oder wo eine atypische Behinderung bei der Schaffung von Barrierefreiheit nicht berücksichtigt werden konnte.[11]

Erlass vom 15.3.2017 – II B 3 – 32–14, abrufbar unter: https://www.vm.nrw.de/verkehr/_pdf_container/2017_03_15_Erlass-E-Scooter-Mitnahme.pdf.

9 Behindertenrechtsausschuss, General Comment No. 2 (Fn. 5), Rn. 26.

10 Behindertenrechtsausschuss, General Comment No. 2 (Fn. 5), Rn. 25.

11 S. Behindertenrechtsausschuss, General Comment No. 2 (Fn. 5), Rn. 26.

V. Das Recht auf Mobilität (Art. 20 BRK)

Schließlich ist Barrierefreiheit im ÖPNV vor dem Hintergrund von Art. 20 BRK zu sehen, der die persönliche Mobilität garantiert. Die Vorschrift verpflichtet Deutschland als Vertragsstaat, wirksame Maßnahmen zu treffen, „um für Menschen mit Behinderungen persönliche Mobilität mit größtmöglicher Unabhängigkeit sicherzustellen". Gemäß Art. 20 Buchst. a BRK haben sie dazu namentlich „die persönliche Mobilität von Menschen mit Behinderungen in der Art und Weise und zum Zeitpunkt ihrer Wahl und zu erschwinglichen Kosten" zu erleichtern. Die so verstandene persönliche Mobilität ist Ausdruck der individuellen Autonomie und Unabhängigkeit, die Art. 3 Buchst. a als Grundsatz formuliert. Es reicht nicht, Menschen mit Behinderung darauf zu verweisen, dass ihnen beispielsweise spezielle Fahrdienste zur Verfügung stehen. Vielmehr sollen sie die Möglichkeit haben, selbständig und ohne fremde Hilfe wie andere Menschen auch die Verkehrsmittel ihrer Wahl zu nutzen. Diese Mobilität ermöglicht nicht nur den Zugang zur Arbeit nach Art. 27 BRK, sondern auch die Teilhabe am öffentlichen, politischen und kulturellen Leben sowie an Erholung, Freizeit und Sport gemäß Art. 29 f. BRK. Dies führt zurück zum Grundsatz der Teilhabe und Inklusion gemäß Art. 3 Buchst. c BRK.

D. Insb. Barrierefreiheit nach Art. 9 BRK

I. Ziel der Barrierefreiheit des gesamten ÖPNV

Die zentrale Vorschrift zur Barrierefreiheit ist Art. 9 BRK. Im Deutschen ist sie, den Originalsprachen folgend, mit „Zugänglichkeit" überschrieben. Wie bei Art. 3 Buchst. f BRK[12] ist damit Barrierefreiheit gemeint.

Art. 9 Abs. 1 BRK greift die Finalität der Barrierefreiheit auf: Es geht darum, durch Barrierefreiheit Teilhabe in allen Lebensbereichen zu erreichen. Das Ziel der Barrierefreiheit gilt für „Einrichtungen und Dienste, die der Öffentlichkeit in städtischen und ländlichen Gebieten offenstehen oder für sie bereitgestellt werden". Zu den Einrichtungen, die Art. 9 Abs. 1 BRK beispielhaft auflistet, gehören gerade auch Beförderungsmittel. Wenn die BRK-Übersetzung in Anlehnung an das englische Original von Transportmitteln spricht, ist das im Deutschen eher unglücklich, weil es an den Transport von Gütern denken lässt und nicht an die Beförderung von

---

12 S. oben zu B. I.

Menschen. Jedenfalls ist der ÖPNV damit ausdrücklich erfasst. Das rollende Material soll also ebenso barrierefrei sein wie die zugehörigen Bahn- und Bussteige sowie Zugänge.

Das Ziel der Barrierefreiheit erstreckt sich freilich auch auf Information und Kommunikation, einschließlich Informations- und Kommunikationstechnologien und -systemen. Es reicht also nicht, wenn Busse und Bahnen physisch zugänglich sind. Vielmehr müssen auch Fahrgastinformationssysteme barrierefrei ausgestaltet werden. Das zeigt das Beispiel der Linz Linien. Zwischen 2004 und 2009 wurden über vierzig Haltestellen der Linzer Straßenbahn mit einem Audiosystem ausgestattet, so dass sich die schriftlichen Anzeigen der digitalen Anzeigetafeln auf Tastendruck akustisch wiedergeben lassen. 2011 verlängerte die städtische Linz Linien GmbH die Trambahnlinie 3, ohne eine einzige der neuen digitalen Anzeigetafeln mit einem Audiosystem auszustatten.[13] Auf die Beschwerde eines sehbehinderten Fahrgastes maß der UN-Behindertenrechtsausschuss das Unterlassen an Art. 9 BRK und stellte einen Verstoß fest.[14]

Bei der Verwirklichung von Barrierefreiheit können digitale Systeme gleichermaßen Chance und Problem sein. Idealerweise eröffnet ein digitales System die Möglichkeit, Informationen je nach Bedürfnissen in geeigneten Formaten zur Verfügung zu stellen und dadurch Barrierefreiheit zu gewährleisten. Andererseits bergen komplexe informationstechnische Systeme wie Fahrkartenautomaten oder Ticket-Apps aber auch die Gefahr, Menschen zu überfordern und damit vom Gebrauch auszuschließen.

Das Ziel der Barrierefreiheit ist unabhängig davon zu verwirklichen, ob sich ein Unternehmen des ÖPNV in staatlicher, kommunaler oder privater Trägerschaft befindet. Art. 9 Abs. 1 BRK erfasst Beförderungsmittel unabhängig von ihren Trägern und Art. 9 Abs. 2 Buchst. b BRK nimmt den Staat in die Pflicht, auf private Rechtsträger einzuwirken.

II. Progressive Verwirklichung

Während das Ziel der Barrierefreiheit vergleichsweise klar ist, besteht beim Umfang der Verpflichtung, dieses Ziel zu erreichen, deutlich mehr Unsicherheit.

---

13 Zum Sachverhalt UN-Behindertenrechtsausschuss, Auffassungen vom 21.8.2015, Rn. 2.2 f. – F./Österreich, UN-Dokument CRPD/C/14/D/21/2014.

14 Ebenda, Rn. 8.7.

Schon der Wortlaut von Art. 9 BRK zeigt eine gewisse Relativierung, indem er nicht absolut ein Ergebnis vorgibt, sondern die Staaten in seinen beiden Absätzen verpflichtet, „geeignete Maßnahmen" zu treffen. Dem entspricht es, dass Art. 4 Abs. 2 BRK zwischen verschiedenen Verpflichtungstypen unterscheidet. Während die klassischen bürgerlichen Rechte als Abwehrrechte sofort einzuhalten sind, bedarf die Umsetzung positiver Verpflichtungen einer gewissen Zeit. Deshalb formuliert Art. 4 Abs. 2 BRK, dass der Staat insoweit „unter Ausschöpfung seiner verfügbaren Mittel … Maßnahmen zu treffen [hat], um nach und nach die volle Verwirklichung dieser Rechte zu erreichen." Bestehende Anlagen barrierefrei umzugestalten, kostet Zeit und Geld. Teilweise stehen oder standen für bestimmte Probleme noch gar keine barrierefreien Lösungen zur Verfügung, so dass diese erst entwickelt werden müssen. Auch dies kostet Zeit. Man wird die Verpflichtung zur Schaffung von Barrierefreiheit daher kaum als unbedingt bezeichnen können.[15]

Das bedeutet allerdings auch nicht, dass die Schaffung von Barrierefreiheit einfach auf die lange Bank geschoben werden dürfte. Vielmehr stellt die Konvention den Staat unter einen erheblichen Rechtfertigungsdruck, der sich danach unterscheidet, ob es um neue oder bereits bestehende Einrichtungen und Dienste geht.

Neue Linien, Fahrzeuge und Systeme müssen grundsätzlich barrierefrei sein. Werden sie nicht barrierefrei ausgestaltet, bedarf dies guter Gründe. Im Linz-Linien-Fall konnte der Behindertenrechtsausschuss solche Gründe offenbar nicht erkennen: Das Audiosystem war bereits erprobt und es hätte nach Ansicht des Ausschusses nur begrenzte Mehrkosten verursacht, die neuen visuellen Anzeigen ebenfalls mit diesem Audiosystem auszustatten.[16]

Da der Umbau alter Systeme wesentlich aufwändiger ist, muss hier mehr Zeit einkalkuliert werden. Wichtig ist es aber, das Problem systematisch anzugehen. Nach Art. 9 Abs. 2 Buchst. a BRK muss der Staat Mindeststandards und Leitlinien ausarbeiten, erlassen und ihre Anwendung überwachen. Der Behindertenrechtsausschuss geht davon aus, dass der Staat im Rahmen seiner Verpflichtung zur progressiven Verwirklichung nach Art. 4 Abs. 2 BRK auch entsprechende Aktionspläne erlassen und umsetzen muss. Nach Ansicht des Ausschusses müssen diese Aktionspläne bestehen-

---

15 So aber Behindertenrechtsausschuss, General Comment No. 2 (Fn. 5), Rn. 25.

16 Behindertenrechtsausschuss, F./Österreich (Fn. 13), Rn. 8.7.

de Barrieren identifizieren, einen zeitlichen Rahmen mit Fristen für ihre Beseitigung setzen und die notwendigen Mittel bereitstellen.[17]

Die deutsche Gesetzgebung hat dem mit § 8 Abs. 3 Personenbeförderungsgesetz (PBefG) Rechnung getragen. Danach haben die Aufgabenträger in ihren Nahverkehrsplänen das Ziel der vollständigen Barrierefreiheit bis zum 1.1.2022 anzustreben. Ausnahmen müssen konkret benannt sowie begründet werden. Für die Umsetzung der Barrierefreiheit müssen zeitliche Vorgaben getroffen und die erforderlichen Maßnahmen benannt werden. Ein solches Vorgehen entspricht den Vorgaben der BRK und an der eingegangenen Selbstverpflichtung muss sich Deutschland von Konventions wegen messen lassen. Man könnte sich fragen, ob § 8 Abs. 3 PBefG zu eng gefasst ist, weil er nur Barrieren für Menschen mit Mobilitäts- und sensorischen Einschränkungen in den Blick nimmt. Eine Behinderung wegen anderer körperlicher, psychischer und geistiger Beeinträchtigungen wird nicht erfasst. Immerhin ist positiv, dass sich § 8 Abs. 3 PBefG nicht auf Mobilitätseinschränkungen beschränkt und mit Mobilitäts- und Sinneseinschränkungen die wichtigsten Behinderungen im ÖPNV erfasst.

Wie ernst der Behindertenrechtsausschuss die Umsetzungspflicht nimmt, zeigt der Fall Nyusti und Takács gegen Ungarn.[18] Die beiden Beschwerdeführer monierten, dass die Geldautomaten einer privaten ungarischen Bank nicht mit Sehbehinderung bedient werden konnten. Der Behindertenrechtsausschuss erkannte an, dass Ungarn Maßnahmen ergriffen hatte, um die Zugänglichkeit von Geldautomaten zu fördern, hielt sie aber für unzureichend, weil den Beschwerdeführern dennoch keine barrierefreien Geldautomaten zur Verfügung standen.[19] Die knappe Begründung lässt nicht erkennen, ob der Behindertenrechtsausschuss Art. 9 BRK hier zu sehr im Sinne einer Ergebnisverpflichtung begreift. Jedenfalls zeigt die Entscheidung, dass ein Staat bestehende Barrieren systematisch identifizieren und ihre Beseitigung angehen muss. Der Fall Nyusti und Takács betraf Bankdienstleistungen. Für Fahrgastinformationssysteme sowie Fahrkartenautomaten oder Ticket-Apps wird jedoch kaum anderes gelten. Physische Barrieren beim Zugang zu Beförderungsmitteln sind ebenso konsequent anzugehen, nur dass ihre vollständige Beseitigung im Zweifel noch aufwändiger sein und damit länger dauern wird.

---

17 Behindertenrechtsausschuss, General Comment No. 2 (Fn. 5), Rn. 33.

18 UN-Behindertenrechtsausschuss, Auffassungen vom 16.4.2013 – Nyusti und Takács/Ungarn, UN-Dokument CRPD/C/9/D/1/2010.

19 Ebenda, Rn. 9.6.

Der Behindertenrechtsausschuss sieht den Aufwand und betont daher, dass Einrichtungen und Dienste von vornherein barrierefrei geplant und realisiert werden sollten, weil sich Barrierefreiheit in diesem frühen Zeitpunkt entweder kostenneutral oder jedenfalls mit überschaubaren Mehrkosten realisieren lasse.[20] Dabei setzt der Behindertenrechtsausschuss auf „universelles Design", also auf eine Gestaltung von Produkten in der Weise, dass sie im Sinne von Art. 2 Abs. 5 BRK „von allen Menschen möglichst weitgehend ohne eine Anpassung oder ein spezielles Design genutzt werden können". Sobald Barrierefreiheit in den grundlegenden Anforderungen an Fahrzeuge, Zugangsbauwerke sowie Informations- und Kommunikationssysteme verankert ist, sind neue Einrichtungen und Dienste ohne weiteres barrierefrei.

E. Pushfaktoren

I. Nicht-rechtsförmliche Pushfaktoren

Die Welt ist groß und Genf ist weit. Es gibt eine Reihe anderer UN-Menschenrechtsabkommen, die ebenfalls durch Expertengremien wie den Behindertenrechtsausschuss überwacht werden.[21] Diese Menschenrechtsabkommen haben die deutsche Rechtspraxis bislang kaum beeinflussen können und die Spruchpraxis ihrer Expertengremien wird allenfalls in kleinen, spezialisierten Fachkreisen rezipiert. Mit der Behindertenrechtskonvention verhält es sich anders. Grund dafür sind eine Reihe von Mechanismen, die der Konvention in Deutschland Aufmerksamkeit und Wirksamkeit verleihen. Ich möchte diese Mechanismen hier als Pushfaktoren bezeichnen.

Man kann zwischen rechtsförmlichen und nicht-rechtsförmlichen Mechanismen unterscheiden. Bei der Behindertenrechtskonvention spielen nicht-rechtsförmliche Pushfaktoren eine besonders wichtige Rolle. Zu nennen ist hier insbesondere die BRK-Monitoringstelle beim Deutschen Institut für Menschenrechte in Berlin. Es handelt sich um eine unabhängige, vom Bund getragene und finanzierte Einrichtung, die die Umsetzung der BRK in Deutschland überwacht. Dazu führt sie Projekte durch und

---

20 S. Behindertenrechtsausschuss, General Comment No. 2 (Fn. 5), Rn. 15, 35.

21 *C. Tomuschat*, Gewährleistung der Menschenrechte durch die Vereinten Nationen, in: J. Isensee/P. Kirchhof (Hrsg.), Handbuch des Staatsrechts, Bd. X, 3. Aufl. 2012, § 208 Rn. 10 ff., 31 ff.

meldet sich mit Pressemitteilungen zu Wort.[22] Die Monitoringstelle ist lästig, weil sie beständig den Finger in offene Wunden legt, und sie soll lästig sein.

Zu den nicht-rechtsförmlichen Pushfaktoren gehört auch die starke Einbindung der betroffenen Menschen mit Behinderung und ihrer Verbände. Gemäß Art. 4 Abs. 3 BRK sind die Verbände von Menschen mit Behinderungen bei der Ausarbeitung und Umsetzung von Rechtsvorschriften und politischen Konzepten wie Nahverkehrsplänen sowie anderen sie betreffenden Entscheidungsprozessen zu konsultieren und aktiv mit einzubeziehen. Hinter diesem Grundsatz des „Nichts über uns ohne uns“[23] steht die Überzeugung, dass Menschen mit Behinderung ihre eigenen Bedürfnisse am besten beurteilen können und sich im Zusammenwirken angemessene Lösungen finden lassen. Eine bloße Anhörung, wie sie in § 8 Abs. 3 Satz 6 PBefG vorgesehen ist, reicht dafür nicht aus.

II. Europäische Menschenrechtskonvention und Europäischer Gerichtshof für Menschenrechte

Eine besondere Durchschlagskraft könnte die BRK auch über die Europäische Menschenrechtskonvention (EMRK) erlangen. Deren Einhaltung wird durch den Europäischen Gerichtshof für Menschenrechte (EGMR) überwacht, dessen Urteile in Deutschland hohe Autorität genießen. Das Bundesverfassungsgericht ist seit Jahren bereit, deutsche Grundrechte im Lichte der EMRK und der Rechtsprechung des EGMR auszulegen.[24]

Der EGMR ist seinerseits bereit, die 1950 verabschiedete und damit recht alte EMRK dynamisch im Lichte neuer völkerrechtlicher Überein-

---

22 S. z.B. das Interview mit dem Leiter der Monitoringstelle vom 15.1.2020, Recht auf Mobilität: „Das Ziel eines barrierefreien öffentlichen Personennahverkehrs bis 2022 ist konkret und verbindlich“, abrufbar unter: https://www.institut-fuer-menschenrechte.de/aktuelles/detail/recht-auf-mobilitaet-das-ziel-eines-barrierefreien-oeffentlichen-personennahverkehrs-bis-2022-ist-konkret-und-verbindlich.

23 S. UN-Behindertenrechtsausschuss, General comment No. 7 (2018) on the participation of persons with disabilities, including children with disabilities, through their representative organizations, in the implementation and monitoring of the Convention, Rn. 4, UN-Dokument CRPD/C/GC/7: „nothing about us without us“.

24 Grundlegend BVerfGE 111, 307 (320) – Görgülü; dazu *R. Uerpmann-Wittzack*, Die Bedeutung der EMRK für den deutschen und den unionalen Grundrechtsschutz, JURA 2014, 916 (922 f.).

kommen auszulegen.[25] So hat er 2016 in der Sache Çam gegen die Türkei das Konzept der Diskriminierung durch Versagung angemessener Vorkehrungen aus der BRK in die EMRK übernommen.[26] Die Rechtsprechung des EGMR ist bislang nicht geradlinig. So finden sich auch Urteile, in denen BRK-Maßstäbe konsequent ausgeblendet werden.[27] Das Urteil vom 10.9.2020 in der Sache G.L. gegen Italien unterstreicht jedoch die Bereitschaft des EGMR, sich nachhaltig auf die Maßstäbe des EGMR einzulassen. Dort ging es um die inklusive Beschulung von Menschen mit Behinderung in Regelschulen und die dafür erforderlichen angemessenen Vorkehrungen. Der EGMR betonte zwar den staatlichen Beurteilungsspielraum, stellte aber entscheidend darauf ab, dass die nationale Gesetzgebung für einen Rechtsanspruch auf inklusive Beschulung optiert habe.[28] Unter diesen Umständen dürfe die Verwaltung, so der Gerichtshof, knappe Ressourcen nicht einfach zulasten von Schülerinnen mit Behinderung allein für Schülerinnen ohne behinderungsbedingten Mehraufwand einsetzen.[29]

In den Sachen Çam und G.L. ging es um die Versagung angemessener Vorkehrungen im Einzelfall und nicht um die Schaffung von Barrierefreiheit als ex-ante-Verpflichtung. Dennoch lässt sich der Grundgedanke des G.L.-Urteils auf Fragen der Barrierefreiheit im ÖPNV übertragen. Persönliche Mobilität zählt sicher zum weit verstandenen Privatleben i.S.v. Art. 8 Abs. 1 EMRK.[30] Art. 8 Abs. 1 EMRK schützt nicht nur vor staatlichen Eingriffen in das Privatleben, sondern verpflichtet den Staat auch, positive Maßnahmen zum Schutz des Privatlebens zu ergreifen.[31] Im Lichte der Behindertenrechtskonvention interpretiert, gehört dazu auch die Beseitigung von Barrieren, die Menschen mit Beeinträchtigung bei der Nutzung des ÖPNV behindern. Bei der Frage, in welchem Umfang Anstrengungen zur

---

25 Grundlegend EGMR (Große Kammer), NZA 2010, 1425, Rn. 65 ff. – Demir u. Baykara/Türkei.

26 EGMR, NZS 2017, 299 = NJW 2017, 2977, Rn. 53, 64 ff. – Çam/Türkei.

27 S. namentlich EGMR, Urt. v. 25.10.2018, Beschwerdenr. 37646/13 – Delecolle/Frankreich, zur Versagung der Heirat einer geistig Beeinträchtigten durch den Betreuer, wo die BRK nicht einmal erwähnt wird. Alle Entscheidungen des EGMR sind abrufbar in der Datenbank des EGMR unter https://hudoc.echr.coe.int/.

28 EGMR, RdJB 69 (2021), 85, Rn. 55, 60 – L.G./Italien.

29 Ebenda, Rn. 68.

30 Zur Weite des Schutzbereichs *R. Uerpmann-Wittzack*, Höchstpersönliche Rechte und Diskriminierungsverbot, in: D. Ehlers (Hrsg.), Europäische Grundrechte und Grundfreiheiten, 4. Aufl. 2014, § 3 Rn. 3 ff.

31 *J. Pätzold*, in: U. Karpenstein/F. C. Mayer (Hrsg.), EMRK Kommentar, 3. Aufl. 2022, Art. 8 Rn. 62; *R. Uerpmann-Wittzack* (Fn. 30), Rn. 26 f.

Schaffung von Barrierefreiheit geboten sind, wird der EGMR den Konventionsstaaten einen weiten Beurteilungsspielraum zugestehen.[32] Erlässt der Staat aber verbindliche Vorgaben, wie Deutschland es in § 8 Abs. 3 PBefG getan hat, muss er sich daran messen lassen. Lassen Nahverkehrspläne nicht die Anstrengung erkennen, § 8 Abs. 3 PBefG ernsthaft umzusetzen, oder bleiben die verabschiedeten Nahverkehrspläne in der Praxis toter Buchstabe, verletzt Deutschland nicht nur seine Verpflichtungen aus der BRK, sondern auch seine Pflicht zum Schutz des Privatlebens nach Art. 8 Abs. 1 EMRK. Letzteres könnte der EGMR feststellen.

III. Grundgesetz und Bundesverfassungsgericht

Das Bundesverfassungsgericht zeigt sich bislang noch zurückhaltender als der EGMR, wenn es darum geht, Vorgaben der BRK zu rezipieren. Immerhin hat das Bundesverfassungsgericht klargestellt, dass die BRK und auch die Praxis des Behindertenrechtsausschusses die Auslegung und Anwendung grundrechtlicher Garantien beeinflussen können.[33] Die Aufgeschlossenheit gegenüber der BRK scheint sich allmählich zu verstärken. Vorbildlich ist ein Kammerbeschluss vom 30.1.2020 zum Verbot der behinderungsbedingten Diskriminierung nach Art. 3 Abs. 3 Satz 2 GG. Danach ist es verfassungswidrig, es einem Blinden, der für eine Behandlung eine Physiotherapiepraxis betreten will, zu verwehren, mit seinem Blindenführhund das Wartezimmer eines anderen Arztes zu durchqueren, wenn dies der einzige Weg ist, um die Physiotherapiepraxis barrierefrei zu erreichen. Zur Begründung zog das Bundesverfassungsgericht auch das Recht auf persönliche Mobilität aus Art. 20 BRK heran und betonte seine Bedeutung als Auslegungshilfe für die Bestimmung des Inhalts und der Reichweite der Grundrechte des Grundgesetzes.[34] Von Art. 20 BRK ist es nur ein kleiner Schritt zur Barrierefreiheit des ÖPNV.

---

32 S. EGMR, NVwZ-RR 2020, 210, Rn. 112 – Belli und Arquier-Martinez/Schweiz; *C. Grabenwarter/K. Pabel*, Europäische Menschenrechtskonvention, 7. Aufl. 2021, § 18 Rn. 20 ff.

33 BVerfGE 142, 313, Rn. 88, 90 – ärztliche Zwangsbehandlung; eher abwehrend dagegen BVerfGE 149, 293, Rn. 90 f. – Fixierung von Patienten; bestätigend BVerfG, NJW 2022, 380, Rn. 102 ff. – Triage.

34 BVerfG (Kammer), NJW 2020, 1282, Rn. 39 f.

Da sich das Bundesverfassungsgericht vergleichsweise stark am EGMR orientiert,[35] ist zu erwarten, dass sich die wachsende Bereitschaft des EGMR, sich auf die BRK einzulassen,[36] mit einer gewissen zeitlichen Verzögerung auch in der Rechtsprechung des Bundesverfassungsgerichts niederschlagen wird.

F. Schluss

Zusammenfassend lässt sich sagen, dass die Behindertenrechtskonvention nicht so sehr über konkrete materielle Vorgaben wirkt, was wann zu geschehen habe. Vielmehr will sie Bewusstsein für die Belange von Menschen mit Behinderung schaffen und Prozesse in Gang setzen. Wenn § 8 Abs. 3 PBefG nun das Ziel eines vollständig barrierefreien Nahverkehrs bis zum 1.1.2022 formuliert, Ausnahmen unter Begründungsvorbehalt stellt und von den Aufgabenträgern Nahverkehrspläne mit zeitlichen Vorgaben für konkrete Maßnahmen einfordert, ist das genau im Sinne der BRK. Die allgemein gehaltenen Vorgaben der BRK müssen innerstaatlich stufenweise konkretisiert und realisiert werden. Mit der Konkretisierung gehen Bund, Länder und Aufgabenträger Selbstverpflichtungen ein, an denen sie sich messen lassen müssen. Dies folgt nicht nur aus der Behindertenrechtskonvention, sondern man wird es in Zukunft möglicherweise auch vor anderen Instanzen wie dem Europäischen Gerichtshof für Menschenrechte und dem Bundesverfassungsgericht einfordern können.

---

35 Grundlegend BVerfGE 111, 307 (320) – Görgülü; dazu *R. Uerpmann-Wittzack*, Die Bedeutung der EMRK für den deutschen und den unionalen Grundrechtsschutz, JURA 2014, 916 (922 f.).

36 Oben zu E. II.

Barrierefreiheit und Öffentlicher Personen(nah)Verkehr – Vorgaben des nationalen Rechts –

Oliver Tolmein[*]

A. Allgemeine Rahmenbedingungen

Um den Stellenwert der Debatte über die Barrierefreiheit des ÖPNV ermessen zu können und Ansatzpunkte für das Recht als Instrument zur Veränderung des Status Quo zu finden, soll im Folgenden die gesellschaftliche, finanzielle und rechtliche Basis des ÖPNV knapp skizziert werden.

I. Der gesellschaftliche Rahmen

Der Öffentliche Personennahverkehr (ÖPNV) hat in Deutschland beachtliche Dimensionen: 2019, dem Jahr vor der Corona-Pandemie, wurden im Liniennahverkehr mit Bussen und Bahnen 11,44 Mrd. Personen befördert. Der Linienfernverkehr mit Eisenbahnen und Omnibussen brachte es im gleichen Zeitraum lediglich auf 172,63 Millionen Personen (die allerdings jeweils eine mittlere Reiseweite von 293,8 km hatten, während die mittlerer Reiseweite im Liniennahverkehr 9,4 km betrug)[1]. Nach einem gravierenden Einbruch 2020 und 2021, stiegen die Zahlen 2022 wieder erheblich an, lagen aber immer noch ein Fünftel unter den Zahlen vor der Pandemie.[2]

Der rasche (Wieder-)Anstieg der Zahlen im ÖPNV und im Schienenfernverkehr wird auch auf das 9-Euro-Ticket zurückgeführt[3]. Das 9-Euro-Ticket hat zugleich eine bundesweite politische Diskussion um die

---

* Der Verfasser ist Rechtsanwalt bei Menschen und Rechte – Assoziation freier Rechtsanwält*innen sowie Honorarprofessor an der Georg August Universität Göttingen, Kontaktadresse: tolmein@menschenundrechte.de.

1 Statistisches Bundesamt, Fachserie 8 Reihe 3.1, Personenverkehr mit Bussen und Bahnen, 1. Vierteljahr 2020, erschienen am 23.7.2020, S. 5 f.

2 Mit weiteren statistischen Angaben: Pressemitteilung Nr. 401 des Statistischen Bundesamtes (21.9.2022); Statistisches Bundesamt, Verkehr Fachserie 8 Reihe 1.1, 11/22, erschienen am 1.12.2022, S. 65 ff.

3 Pressemitteilung Nr. 401 des Statistischen Bundesamtes (21.9.2022);

Unterstützung und Weiterentwicklung des ÖPNV entfacht, die ebenfalls dessen hohe Bedeutung für die Erreichung gesellschaftlicher Ziele wie Mobilität, Klimaschutz und Anbindung an die allgemeine Infrastruktur unterstreicht: „Schnelle Erreichbarkeit und ausreichende Kapazität von öffentlicher Infrastruktur haben einen entscheidenden Einfluss auf die Lebensqualität in Deutschland.“, postuliert die „Management Summary“ des „Infrastrukturatlas zu Fahrzeiten und lokalen Knappheiten“, der im Auftrag des Bundesministeriums für Wirtschaft und Energie im November 2020 veröffentlicht worden ist,[4] zutreffend.

Die Auseinandersetzungen um die Finanzierung einer modifizierten Fortschreibung des 9-Euro-Tickets zwischen Bund und Ländern ist auch vor dem Hintergrund der vergleichsweise geringen Beteiligung der Länder und Kommunen an den Kosten des ÖPNV zu sehen. Im letzten Bericht der Bundesregierung über die Entwicklung der Kostendeckung im öffentlichen Personennahverkehr[5] wird dargestellt, dass die Kosten, die von allen Gebietskörperschaften zusammen für den ÖPNV geleistet wurden, sich im Jahr 2018 auf – je nach Definition – 18,0 bis 19,3 Mrd. Euro beliefen, von denen der Bund, vor allem durch die Regionalisierungsmittel, mit 12,8 Mrd. Euro den mit Abstand größten Teil getragen hat, während die Länder gerade mal 17,3 % der Gesamtmittel, nämlich 3,3 Mrd. Euro und die Kommunen etwa 3,0 Mrd. Euro, also etwa 15,7 %, beigesteuert haben.[6] Das ist angesichts der Tatsache, dass der ÖPNV im Kern Ländersache ist, keineswegs selbstverständlich.

Die Verkehrsunternehmen VDV, Bilanz zum 9-Euro-Ticket, Stand 29.8.2022, https://ogy.de/ot1g (zuletzt aufgerufen 27.10.2022).

4 *TÜV Rheinland Consulting GmbH*, Verfügbarkeit von Infrastruktureinrichtungen in Deutschland – Infrastrukturatlas zu Fahrzeiten und lokalen Knappheiten Eine Studie im Auftrag des Bundesministeriums für Wirtschaft und Energie, Berlin November 2020, 68 Seiten.

5 BT-Drs. 19/32131 vom 20.8.2021: „Bericht der Bundesregierung über die Entwicklung der Kostendeckung im öffentlichen Personennahverkehr“.

6 BT-Drs. 19/32131, S. 13; zu den rechtlichen Grundlagen dieser Entwicklung: WD des Bundestages, Finanzierungskompetenzen des Bundes im öffentlichen Personennahverkehr (ÖPNV), WD 4 – 3000 – 077/22, (Stand 9.8.2022). Zu den komplexen Finanzierungsfragen vgl. auch: *Knauff* (Hg.), Rechtsanwendung und Finanzierung im ÖPNV – 3. und 4. Jenaer Gespräche zum Recht des ÖPNV, Baden-Baden 2020, 242 Seiten.

II. Rechtlicher Rahmen

Der rechtliche Rahmen des ÖPNV wird in Deutschland im Wesentlichen durch das Regionalisierungsgesetz, das Allgemeine Eisenbahngesetz und das Personenbeförderungsgesetz gebildet. § 2 des Regionalisierungsgesetzes liefert eine Definition, was als ÖPNV zu verstehen ist: „Öffentlicher Personennahverkehr im Sinne dieses Gesetzes ist die allgemein zugängliche Beförderung von Personen mit Verkehrsmitteln im Linienverkehr, die überwiegend dazu bestimmt sind, die Verkehrsnachfrage im Stadt-, Vorort- oder Regionalverkehr zu befriedigen. Das ist im Zweifel der Fall, wenn in der Mehrzahl der Beförderungsfälle eines Verkehrsmittels die gesamte Reiseweite 50 Kilometer oder die gesamte Reisezeit eine Stunde nicht übersteigt. Der Verkehr mit Taxen ist öffentlicher Personennahverkehr im Sinne dieses Gesetzes, wenn er die in Satz 1 genannte Verkehrsnachfrage zur Beseitigung einer räumlichen oder zeitlichen Unterversorgung befriedigt."

1. Allgemein

Dass der ÖPNV in diesem Sinne Ländersache ist, ergibt sich aus unterschiedlichen Regelungen. Art 87e GG normiert in Abs. 1 Satz 1, dass die Eisenbahnverkehrsverwaltung für Eisenbahnen des Bundes in bundeseigener Verwaltung geführt wird. Allerdings sieht er in Satz 2 auch vor, dass durch Bundesgesetz Aufgaben der Eisenbahnverkehrsverwaltung den Ländern als eigene Angelegenheit übertragen werden können. Gewichtiger erscheint insoweit aber Abs. 4, der den Bund hinsichtlich seines Gewährleistungsauftrages verpflichtet, beim „Ausbau und Erhalt des Schienennetzes" sowie bei den „Verkehrsangeboten" der „Eisenbahnen des Bundes" (Gewährleistungsgegenstand) dem „Wohl der Allgemeinheit", „insbesondere den Verkehrsbedürfnissen" (Gewährleistungsziel) zu entsprechen.[7] Die Verkehrsangebote des Schienenpersonennahverkehrs werden ausdrücklich von diesem Gewährleistungsauftrag des Bundes ausgenommen. Die nicht den Schienenpersonenverkehr umfassenden Angebote des ÖPNV geraten erst gar nicht in den Fokus dieser Regelung.

Auf einfachgesetzlicher Ebene ist in Bezug auf die Zuständigkeit der Länder das Regionalisierungsgesetz von besonderer Bedeutung, das in § 1 Abs. 1 die „ausreichende Bedienung der Bevölkerung mit Verkehrsleistun-

---

7 V. Mangoldt/Klein/Starck/*Gersdorf*, 7. Aufl. 2018, GG Art. 87e Rn. 66.

gen im öffentlichen Personennahverkehr“ als Aufgabe der Daseinsvorsorge charakterisiert.

Das Regionalisierungsgesetz legt in § 1 Abs. 2 fest, dass das (jeweilige) Landesrecht die Stellen, die diese Aufgabe wahrnehmen, bestimmt. § 3 benennt als Zielvorgabe für den ÖPNV die Zuständigkeiten für Planung, Organisation und Finanzierung des ÖPNV zusammenzuführen und weist auch diese Aufgabe den Ländern zu, denen aufgegeben wird, „das Nähere“ zu regeln.

Während das Regionalisierungsgesetz auf diese Weise den Charakter des ÖPNV als Daseinsvorsorge festlegt und damit einen rechtlichen und gesellschaftlichen Rahmen fixiert, innerhalb dessen dann wesentliche Finanzierungsfragen zwischen Bund und Ländern und innerhalb der Gruppe der Länder geregelt werden, befassen sich insbesondere das Personenbeförderungsgesetz (PBefG) und das Allgemeine Eisenbahngesetz (AEG) mit den rechtlichen Regelungen für die einzelnen Beförderungsmittel bzw. Verkehrsdienste. Im AEG finden sich Regelungen für den Schienenpersonennahverkehr (SPNV), im PBefG finden sich Regelungen für die allgemein zugängliche Beförderung von Personen mit Straßenbahnen, Obussen und Kraftfahrzeugen im Linienverkehr, die überwiegend dazu bestimmt sind, die Verkehrsnachfrage im Stadt-, Vorort- oder Regionalverkehr zu befriedigen, sowie auch für den Verkehr mit Taxen und Mietwagen, der eine dieser Verkehrsarten ersetzt, ergänzt oder verdichtet (§ 8 Abs. 1 und 2 PBefG).

2. *Verkehrsrechtlicher Rahmen in Bezug auf die Barrierefreiheit*

Beide Gesetze enthalten auch Vorschriften zur Barrierefreiheit. Das PBefG normiert in § 8 Abs. 3 über die Anforderungen an den Nahverkehrsplan des jeweiligen Aufgabenträgers für den ÖPNV als Ziel „bis zum 1. Januar 2022 eine vollständige Barrierefreiheit“ zu erreichen. Diese (mittlerweile verstrichene, gleichwohl noch im Gesetz enthaltene) Frist soll jedoch nicht gelten „sofern in dem Nahverkehrsplan Ausnahmen konkret benannt und begründet werden.“ Die Nahverkehrspläne, die den Rahmen für die Entwicklung des Nahverkehrs in einer Region abstecken, werden in den ÖPNV-Gesetzen der Länder geregelt (z.B. § 14 ÖPNVG Hessen, §§ 8, 9 ÖPNVG NRW, § 5 ÖPNVG Sachsen, § 7 ÖPNVG Brandenburg). Die Rechtsnatur der Nahverkehrspläne ist umstritten, relevant erscheint sie vor allem für die Frage des Rechtsschutzes, wobei hier vor allem die Möglichkeit einer direkten Normenkontrolle im Sinne des § 47 Abs. 1 Nr. 2 VwGO vor dem OVG oder dem VGH bedenkenswert erscheint[8].

Auch in den Übergangsbestimmungen des § 62 wird in Absatz 2 eine weitereichende Ausnahmemöglichkeit normiert, die es den Ländern ermöglicht „soweit dies nachweislich aus technischen oder wirtschaftlichen Gründen unumgänglich ist“ sowohl den Zeitpunkt für das Ziel der Barrierefreiheit nach hinten zu verlegen, als auch Ausnahmetatbestände zu bestimmen, die eine Einschränkung der Barrierefreiheit rechtfertigen.

Bemerkenswert an den Regelungen im PBefG ist, dass der Begriff der „Barrierefreiheit“ oder auch der „vollständigen Barrierefreiheit“ zwar häufig verwendet, aber an keiner Stelle im Gesetztext definiert oder wenigstens näher bestimmt wird.[9] Im Ergebnis führte das dazu, dass ein nicht bestimmtes und nicht konkretisiertes Konzept auch nur schwer umgesetzt werden konnte.[10] Dazu kommt, dass das Gesetz auch keinen direkten Adressaten ins Visier genommen hat. Zu dieser Unbestimmtheit im Konkreten passt auch, dass der Gesetzestext die Frist „1. Januar 2022“ nicht als Frist für das Erreichen von materieller Barrierefreiheit formuliert, sondern lediglich den Autorinnen und Autoren von Nahverkehrsplänen als zu berücksichtigende Zielvorstellung mitgegeben hat. Die Verkehrsunterneh-

---

8 Vgl. *Brenner/Arnold*, Rechtsnatur und Rechtmäßigkeit von Nahverkehrsplänen iSd § 8 III PBefG, NVwZ 2015, 385 (389).

9 Dabei wäre ein Verweis auf § 4 BGG durchaus möglich gewesen, in dem Barrierefreiheit definiert wird: „Barrierefrei sind bauliche und sonstige Anlagen, Verkehrsmittel, technische Gebrauchsgegenstände, Systeme der Informationsverarbeitung, akustische und visuelle Informationsquellen und Kommunikationseinrichtungen sowie andere gestaltete Lebensbereiche, wenn sie für Menschen mit Behinderungen in der allgemein üblichen Weise, ohne besondere Erschwernis und grundsätzlich ohne fremde Hilfe auffindbar, zugänglich und nutzbar sind.“

10 Die Gesetzesmaterialien nehmen allerdings ausdrücklich auf das Barrierefreiheitskonzept der UN-BRK Bezug: „Die UN-Behindertenrechtskonvention verpflichtet die Mitgliedstaaten zu einem Höchstmaß an Barrierefreiheit. Ziel muss daher sein, in einem überschaubaren Zeitraum eine vollständige Barrierefreiheit zu schaffen. Für die Umsetzung dieses Ziels soll das Regel-Ausnahme-Prinzip zur Anwendung kommen. Im Nahverkehrsplan müssen deshalb die Ausnahmen von der Regel klar benannt und begründet werden.“ (Beschlussempfehlung und Bericht des Ausschusses für Verkehr, Bau und Stadtentwicklung (15. Ausschuss), BT-DRs. 17/10857 vom 26.9.2021, S. 19, r. Spalte). Vgl. auch *Linke/Niemann*, Barrierefreiheit im ÖPNV – zwischen Mindestanforderungen und Unmöglichkeit, DVBl 2016, 344.

men werden dementsprechend auch nicht unmittelbar zur Herstellung vollständiger Barrierefreiheit verpflichtet.[11]

Für den SPNV, der nicht in den Nahverkehrsplänen enthalten ist, da er auch nicht durch das PBefG normiert wird, sondern durch das AEG und damit verknüpfte Normen, existiert kein vergleichbar konkretes Postulat. Das AEG trifft überhaupt keine direkten Aussagen über die Verpflichtung, den Schienenpersonennahverkehr barrierefrei auszugestalten und welche Anforderungen daran zu stellen wären.

Allerdings regelt das AEG in § 5 Abs. 4a AEG eine besondere Zuständigkeit des Bundes für die Überwachung der Einhaltung der Anforderungen der Fahrgastrechte-Verordnung 1371/2007 (EG), sowie für die Umsetzung der in §§ 10 und 12a AEG geregelten Beförderungspflicht und der umfassenden Fahrgastinformationen. Das Eisenbahn-Bundesamt (EBA) ist zudem die in Art. 30 Verordnung 1371/2007 geforderte Stelle zur Durchsetzung der Fahrgastrechte, die gleichzeitig auch Anlaufstelle für Beschwerden ist. Außerdem enthält § 26 AEG eine Ermächtigung für das Bundesverkehrsministerium mit Zustimmung des Bundesrates verschiedene Verordnungen zu erlassen. Für die hier interessierenden Fragen der Barrierefreiheit ist die auf dieser Ermächtigungsgrundlage gestützte Eisenbahn-Bau- und Betriebsordnung (EBO) einschlägig, die vorwiegend technisch geprägte Einzelheiten (Gleisneigung, Bahnsteige und Rampen, Zusammenstellen der Züge, Verhalten auf dem Gebiet der Bahnanlagen) festlegt, in diesem Zusammenhang aber auch regelt: „Die Vorschriften dieser Verordnung sind so anzuwenden, dass die Benutzung der Bahnanlagen und Fahrzeuge durch behinderte Menschen und alte Menschen sowie Kinder und sonstige Personen mit Nutzungsschwierigkeiten ohne besondere Erschwernis ermöglicht wird. Die Eisenbahnen sind verpflichtet, zu diesem Zweck Programme zur Gestaltung von Bahnanlagen und Fahrzeugen zu erstellen, mit dem Ziel, eine möglichst weitreichende Barrierefreiheit für deren Nutzung zu erreichen.“ (§ 2 Abs. 3 EBO)

3. Die Verordnung 1371/2007 EG und ihre Nachfolgerin Verordnung 2021/782

2007 haben Europäisches Parlament und EU-Kommission die Fahrgastrechte-Verordnung 1371/2007 verabschiedet. Diese befasst sich im Kapitel 5 in den §§ 19 bis 25 mit den Rechten von Menschen mit Mobilitätsein-

11 *Linke/Niemann*, Barrierefreiheit im ÖPNV – zwischen Mindestanforderungen und Unmöglichkeit, DVBl 2016, 344 (345).

schränkungen. Zwischenzeitlich hatte die Kommission erläuternde Leitlinien für die Auslegung und Anwendung der Verordnung verfasst[12], die umstritten waren. Am 29. April 2021 wurde die neue Verordnung (EU) 2021/782 des Europäischen Parlaments und des Rates über die Rechte und Pflichten der Fahrgäste im Eisenbahnverkehr veröffentlicht[13].

Hier können die Einzelheiten dieser neuen EU-Verordnung, die ab dem 7. Juni 2023 gelten wird, und ihrer Vorgängerin 1371/2007, die künftig möglicherweise noch bei Auslegungsfragen herangezogen werden könnte, nicht erörtert werden.[14] Die Verordnung betrifft auch nicht ausschließlich die Rechte von mobilitätseingeschränkten Fahrgästen oder Fahrgästen mit Behinderungen, sie ist zudem auf den Eisenbahnverkehr beschränkt. Die EU-Staaten können von ihrer Anwendung mit Blick auf Schienenpersonenverkehrsdienste des Stadtverkehrs, Vorortverkehrs oder Regionalverkehrs auch Ausnahmen zulassen – allerdings nicht betreffend wesentliche Vorschriften, insbesondere nicht hinsichtlich der Bestimmungen über die nichtdiskriminierenden Bedingungen von Beförderungsverträgen (Erwägungsgrund 7 der VO (EU) 2021/782).

Gemäß Art. 288 Abs. 2 AEUV sind Verordnungen des Rates und der Kommission Rechtsakte, die dadurch gekennzeichnet sind, dass sie allgemeine Geltung haben, in allen ihren Teilen verbindlich sind und unmittelbar in jedem Mitgliedstaat gelten. Es bedarf also keiner weiteren Umsetzungsakte, um die Verbindlichkeit der Verordnung sicherzustellen. Die Verordnungen gewähren nicht nur den Mitgliedstaaten, sondern auch deren Rechtssubjekten (Privatpersonen, juristische Personen des öffentlichen und des Privatrechts) Rechte und erlegen ihnen Pflichten auf. Das bedeutet, dass Verordnungen von den zur Rechtsanwendung befugten mitgliedstaatlichen Stellen (Behörden, Gerichte) in Situationen, in denen sie räumlich, zeitlich und inhaltlich Anwendung beanspruchen, ohne weiteres zur Anwendung gebracht werden müssen. Insbesondere ist es nicht erforderlich, dass sich Berechtigte darauf berufen. Entgegenstehendes nationales Recht wird von der EU-Verordnung verdrängt. Es findet keine Anwendung, soweit und solange die Verordnung gilt. Im Regelungsbereich einer

---

12 Amtsblatt der EU, 2015/C 220/01 Mitteilung der Kommission – Leitlinien zur Verordnung (EG) Nr. 1371/2007 des Europäischen Parlaments und des Rates über die Rechte und Pflichten der Fahrgäste im Eisenbahnverkehr.

13 Amtsblatt der Europäischen Union vom 17.5.2021, L 172/1 DE.

14 Einen auf behindertenrechtliche Fragen fokussierten Beitrag gibt es: *Rott*, Rechte von Menschen mit Behinderungen unter der neuen Eisenbahn-Passagierrechte-Verordnung, Fachbeitrag E1–2021, www.reha-recht.de.

Verordnung ist den Mitgliedstaaten der Erlass „konkretisierenden" Rechts nur erlaubt, wenn (und soweit) dies von der Verordnung vorgesehen ist.[15]

Soweit die EBO Fahrgastrechte regelt,[16] wird sie aufgrund der Normenhierarchie und der oben beschriebenen Wirkungsweise von EU-Verordnungen durch die Verordnung 1371/2017 und ab deren Geltung durch die Verordnung (EU) 2021/782 verdrängt[17]. Mit Blick auf die Rechte von Menschen mit Behinderungen, die den Schienenverkehr nutzen, betrifft das insbesondere § 2 Abs. 3 EBO. Das setzt allerdings voraus, dass die Verordnung 1371/2007 oder eine nachfolgende Fahrgastrechte-Verordnung konform mit höherrangigem Recht ist.

4. Allgemeines Antidiskriminierungsrecht

Neben den verkehrsrechtlichen Vorschriften sind mit Blick auf die Barrierefreiheit im ÖPNV auch die allgemeinen Vorschriften zu berücksichtigen, die zum Ziel haben, Benachteiligungen wegen der Behinderung zu verhindern. Hier spielt auf verfassungsrechtlicher Ebene der erst 1994 ins Grundgesetz eingefügte Art. 3 Abs. 3 Satz 2GG eine zentrale Rolle, der die Benachteiligung wegen der Behinderung untersagt, nicht jedoch auf Nachteilsausgleich und Teilhabe zielende, fördernde Regelungen trifft. Es handelt sich hierbei also um ein asymmetrisches Diskriminierungsverbot[18], das nach Auffassung des BVerfG auch einen Schutzauftrag beinhaltet, der sich zu konkreten Schutzpflichten verdichten kann.[19]

Art. 3 Abs. 3 Satz 2 GG ist insoweit in engem Zusammenhang mit der UN-Behindertenrechtskonvention (UN-BRK) zu sehen, die einerseits ein

---

15 So Schlichtungsstelle, Gutachten, S. 41.

16 Die Entscheidung des BVerwG vom 5.4.2006 – 9 C 1/05, betraf dagegen ein Planfeststellungsverfahren, keine unmittelbaren Fahrgastrechte. Trotzdem würde sie heute angesichts der Verabschiedung der UN-BRK, der TSI (PRM) (VO (EU) 1300/2014), des neuen BGG zumindest nicht mehr in dieser Weise beschlossen werden können.

17 Nach Art. 41 tritt die VO (EU) 2021/782 am zwanzigsten Tag nach ihrer Veröffentlichung (17.5.2021) in Kraft, sie gilt ab dem 7.6.2023, Art. 6 Abs. 4 jedoch erst ab dem 7.6.2025.

18 Dazu: Schlichtungsstelle BGG (Hg.), EU-Fahrgastrechte und die Beförderungssituation von Menschen mit Behinderungen im deutschen Bahnverkehr – Gutachten von Oliver Tolmein, Dezember 2019, S. 19 f., online: https://www.schlichtungsstelle-bgg.de/Webs/SchliBGG/DE/AS/service/gutachten/gutachten-node.html (zuletzt aufgerufen 1.11.2022).

19 BVerfG, Beschluss vom 16.12.2021, 1 BvR 1541/20, insb. Rn. 97.

völkerrechtlicher Vertrag ist, der gleichzeitig als einfaches Gesetz in den Korpus des bundesdeutschen Rechts einbezogen ist[20]. Die UN-BRK ist eine Umsetzung der Allgemeinen Menschenrechte für Menschen mit Behinderungen. Nach der Rechtsprechung des Bundesverfassungsgerichts ist sie bei der Auslegung des Grundgesetzes stets zu berücksichtigen, auch wenn sie in der Sache über den deutschen Grundrechtsschutz nicht hinausgeht.[21] Da die UN-BRK aber ungleich konkreter und spezifischer ist, als das grundrechtliche Verbot wegen der Behinderung zu benachteiligen, unterstützt die Bezugnahme auf die UN-BRK den Grundrechtsschutz, indem sie ermöglicht, ihn bezogen auf konkrete Lebenssituationen hin bedarfsgerecht zu verbessern. Für die Rechte von Menschen mit Behinderungen im Zusammenhang mit dem ÖPNV – unabhängig davon, welche Verkehrsart gewählt wird – sind hier insbesondere die Regelungen der UN-BRK zu Partizipation (Art. 4 Abs. 3), Zugänglichkeit (Art. 9) oder Persönliche Mobilität (Art. 20) und Teilhabe am politischen und öffentlichen Leben sowie Teilhabe am kulturellen Leben, Erholung, Freizeit und Sport (Art 29, 30) von erheblicher Bedeutung.

Auf einfachgesetzlicher Ebene können für den Schutz vor Diskriminierung durch ein unzureichendes oder nicht zugängliches Beförderungsangebot des ÖPNV (und auch des Fernverkehrs) Regelungen des Allgemeinen Gleichbehandlungsgesetzes einschlägig sein, das auch vor Benachteiligungen wegen der Behinderung schützt, aber darüber hinaus weitere Diskriminierungen im Fokus hat. Kundinnen und Kunden des ÖPNV können sich hier auf § 19 AGG berufen, ein allgemeines zivilrechtliches Benachteiligungsverbot, das bei Massengeschäften greift. Voraussetzung dafür ist, dass sie bei der Vertragsdurchführung benachteiligt werden, ohne dass ein sachlicher Grund im Sinne des § 20 AGG greift. Relevant könnte hier insbesondere der in § 20 AGG genannte Grund der „Vermeidung von Gefahren und der Verhütung von Schäden“ sein. Ist eine solche nicht gerechtfertigte Benachteiligung gegeben, besteht die Möglichkeit, die Ansprüche aus § 21 AGG geltend zu machen: Beseitigung einer Beeinträchtigung, Unterlassung, Schadenersatz. Allerdings gilt hier eine kurze Frist von 2 Monaten, innerhalb derer Ansprüche geltend gemacht werden müssen.[22]

---

20 Ausführlich zu den internationalrechtlichen Bestimmungen, die in Zusammenhang mit Barrierefreiheit des ÖPNV eine Rolle spielen können: vgl. *Uerpmann-Witzack*, Völkerrechtliche Grundlagen, in diesem Band, S. 11 ff.

21 BVerfG, Beschluss vom 16.12.2021, 1 BvR 1541/20, Rn. 102 ff.

22 Zum Verhältnis von Ansprüchen aus AGG aus der Richtlinie 1371/2007 (bzw. deren eisenbahnrechtlichen Umsetzungen) vgl. Schlichtungsstelle BGG (Hg.), EU-

Relevant sind zudem die Regelungen des BGG und ggf. Regelungen der verschiedenen Landesbehindertengleichstellungsgesetze, die den Trägern öffentlicher Gewalt mit Blick auf die Herstellung von Barrierefreiheit Hinwirkungs- und Förderpflichten auferlegen (z.B. § 1 Abs. 2 BGG), die beispielsweise auch umfassen können, den Einsatz angemessener Vorkehrungen[23] (§ 7 Abs. 2 BGG) in den Zeiten zu veranlassen, in denen Barrierefreiheit (noch) nicht herzustellen ist. Das kann und muss ggf. auch im Rahmen der Verwaltungstätigkeiten z.B. des Bundes durch die Aufsichtsführung des EBA geschehen.

B. Materielle Probleme der Barrierefreiheit

Gerade weil für Menschen mit Behinderungen, um Teilhabe zu gewährleisten, Mobilität ein zentrales Thema ist, für das der öffentliche Personenverkehr wiederum erhebliche Bedeutung hat, steht dieses Thema seit langem auf der behindertenpolitischen Agenda.[24]

Materielle Probleme der Barrierefreiheit im ÖPNV werden in diesem Sammelband auch an anderer Stelle von einer Autorin aus der Behindertenbewegung thematisiert.[25] Hier sollen sie deswegen nur knapp und mit Bezug auf jeweilige Rechtsgrundlagen angerissen werden.

Untypisch, weil von einem Behindertenverband initiiert und geführt, der nach § 4 UKlagG anerkannt ist, ist ein Verfahren das 2017 vor dem OLG Schleswig doch auf charakteristische Weise zu Ende gegangen. Das Gericht hat zwar festgestellt, dass ein in die Liste der qualifizierten Einrichtungen nach § 4 UKlaG eingetragener Verband, der die Interessen von Menschen mit Körperbehinderungen vertritt, befugt ist, einen Anspruch aus § 2 UKlaG i.V.m. § 22 PBefG, Art. 9 der VO (EU) Nr. 181/2011 auf Beförderung behinderter Menschen mit Mobilitätshilfen – hier: Mitnahme so genannter E-Scooter – gegen ein Verkehrsunternehmen durchzuset-

---

Fahrgastrechte und die Beförderungssituation von Menschen mit Behinderungen im deutschen Bahnverkehr – Gutachten von Oliver Tolmein, Dezember 2019, S. 48 f., online: https://www.schlichtungsstelle-bgg.de/Webs/SchliBGG/DE/AS/service/gutachten/gutachten-node.html.

23 Zum Konzept der angemessenen Vorkehrungen und den Unterschieden im Vergleich mit Barrierefreiheit, *Bechtolf*/Deinert/Welti/Luik/Brockmann, Angemessene Vorkehrungen, StichwortKommentar Behindertenrecht, 3. Auflage 2022, Rn. 2 f.

24 Vgl. *Henninger/Steiner*, Schwarzbuch Deutsche Bahn AG – Handbuch der Ignoranz, Dortmund 2003, 155 Seiten.

25 Vgl. *Arnade*, Behinderte Fahrgäste: Bleiben wir auf der Strecke?, in diesem Band, S. 65 ff.

zen.[26] Den Anspruch selbst hat es aber zurückgewiesen, da die Beförderung von E-Scootern nicht ohne Einschränkungen in Bezug auf die Beschaffenheit von E-Scooter und Bus sowie auf die Person des Nutzers verlangt werden könne. Sie dürfe vielmehr nach § 22 PBefG, Art. 10 der VO (EU) Nr. 181/2011 verweigert werden, wenn dies zur Erfüllung geltender Sicherheitsanforderungen erforderlich sei.

Im Ergebnis führt diese Entscheidung dazu, dass Menschen, die auf einen E-Scooter angewiesen sind, selbst dafür sorgen müssen, dass sie mitgenommen werden können. Die Verkehrsunternehmen sind dagegen nicht verpflichtet, für Barrierefreiheit zu sorgen, also dafür, dass ihre Verkehrsmittel in der Lage sind übliche E-Scooter sicher zu befördern.

Diese Umkehr der Last für Zugänglichkeit zu sorgen auf diejenigen, die mobil sein und dafür den ÖPNV oder auch den Schienen(nah)Verkehr in Anspruch nehmen wollen, durchzieht die Debatte um den barrierefreien Nahverkehr.

Die neue Verordnung (EU) 2021/782 verlangt beispielsweise weiterhin, dass Menschen, die Unterstützung dabei benötigen in nicht barrierefreie Züge zu gelangen, diese Hilfeleistungen vorher bei den Verkehrsunternehmen bzw. bei von ihnen bereitgestellten Koordinationsstellen anmelden. Die Vorlaufzeit ist zwar in Art. 24 („Voraussetzungen für das Erbringen von Hilfeleistungen") gegenüber dem von der Vorläuferregelung normierten Zeitraum von 48 Stunden auf 24 Stunden verkürzt worden, es muss auch für eine Fahrt nur eine Meldung erfolgen (was möglicherweise die Problematik der Umstiege bei verspäteten Zügen lösen kann) – dennoch wird hier das Problem der Unzugänglichkeit von Zügen in eine Pflicht für die Kundinnen und Kunden umgeformt, die sie gegenüber Menschen ohne Behinderung, die sich auch kurzfristig für die Wahl eines Zuges entscheiden können, benachteiligt.. Ähnlich steht es um das Problem des Ein- und Ausstiegs in Bahnhöfen, die nicht mit Personal ausgestattet sind: Hier sieht § 23 Abs. 1 lit. f) vor, dass der Ein- und Ausstieg durch im Zug befindliches Personal sichergestellt wird, wenn dieses Personal geschult ist. Ansonsten wird in Art. 23 Abs. 1 lit. g) zwar verlangt, dass sich Bahnhofsbetreiber oder Eisenbahnunternehmen „nach besten Kräften bemühen" Personen mit eingeschränkter Mobilität eine Fahrt zu ermöglichen, das Risiko des Nicht-Gelingens verbleibt aber bei den Passagieren. Zwar bieten die unbestimmten Formulierungen in rechtlichen Auseinandersetzungen Anknüpfungspunkte dafür, vorzutragen, dass sich Bahnen nicht nach besten Kräften oder unter Einsatz aller zumutbaren Bemühungen um den Aus-

26 Schleswig-Holsteinisches OLG, Beschluss vom 9.11.2017 – 2 U 6/16 –, juris.

gleich fehlender Zugänglichkeit bemüht hätten, von Barrierefreiheit ist das aber so weit entfernt wie die erreichte tatsächliche Barrierefreiheit im ÖPNV von der zeitlichen Barrierefreiheitsvorgabe in § 8 Abs. 3 PBefG.

Ob diese rechtliche Situation auf lange Sicht hinnehmbar ist, ohne dass die tatsächliche gleichberechtigte Nutzbarkeit der für Teilhabe von Menschen mit Behinderungen elementar wichtigen ÖPNV, SPNV und SPFV sich auch nur halbwegs konkret abzeichnet, kann und wird in Zukunft wohl immer häufiger bezweifelt werden und dann auch die Gerichte beschäftigen.

Realisierung der Barrierefreiheit im ÖPNV

*Markus Rebstock**

A. Einleitung

Der folgende Beitrag skizziert die Regelungen des Personenbeförderungsgesetzes (PBefG) zur Herstellung der Barrierefreiheit im öffentlichen Personennahverkehr (ÖPNV) (vgl. B.). Im Anschluss wird auf Grundlage eines von der Bundesarbeitsgemeinschaft (BAG) ÖPNV der kommunalen Spitzenverbände entwickelten Ablaufschemas eine mögliche Herangehensweise zur Umsetzung der Forderungen aus dem PBefG am Beispiel eines durch die Stadtverwaltung Chemnitz im Jahr 2016 durchgeführten Prozesses (vgl. C.) dargestellt.

B. Regelungen zur Barrierefreiheit im PBefG

Mit Inkrafttreten der PBefG-Novelle am 01.01.2013 wird in § 8 Abs. 3 gefordert, dass *„der Nahverkehrsplan […] die Belange der in ihrer Mobilität oder sensorisch eingeschränkten Menschen mit dem Ziel zu berücksichtigen [hat], für die Nutzung des öffentlichen Personennahverkehrs bis zum 1. Januar 2022 eine vollständige Barrierefreiheit zu erreichen. Die in Satz 3 genannte Frist gilt nicht, sofern in dem Nahverkehrsplan Ausnahmen konkret benannt und begründet werden. Im Nahverkehrsplan werden Aussagen über zeitliche Vorgaben und erforderliche Maßnahmen getroffen. Bei der Aufstellung des Nahverkehrsplans sind die vorhandenen Unternehmer frühzeitig zu beteiligen; soweit vorhanden sind Behindertenbeauftragte oder Behindertenbeiräte, Verbände der in ihrer Mobilität oder sensorisch eingeschränkten Fahrgäste und Fahrgastverbände anzuhören. Ihre Interessen sind angemessen und diskriminierungsfrei zu berücksichtigen.“*

Gemäß § 62, Abs. 2 PBefG haben die Bundesländer zudem grundsätzlich die Möglichkeit, Ausnahmen festzulegen: *„Soweit dies nachweislich aus technischen oder wirtschaftlichen Gründen unumgänglich ist, können die Länder*

---

* Der Verfasser ist Referent für Bauen, Öffentlicher Raum und Mobilität der Bundesfachstelle Barrierefreiheit, Kontakt-Email: markus.rebstock@kbs.de.

den in § 8 Absatz 3 Satz 3 genannten Zeitpunkt abweichend festlegen sowie Ausnahmetatbestände bestimmen, die eine Einschränkung der Barrierefreiheit rechtfertigen.“

Über die verpflichtete Verankerung der Barrierefreiheit im Nahverkehrsplan (NVP) hinaus ist diese auch bei der Beantragung und Erteilung von Liniengenehmigungen explizit zu berücksichtigen:

> *„(1) Der Antrag auf Erteilung der Genehmigung soll enthalten*
> *in allen Fällen*
> *[…]*

eine Darstellung der Maßnahmen zur Erreichung der möglichst weitreichenden barrierefreien Nutzung des beantragten Verkehrs entsprechend den Aussagen im Nahverkehrsplan (§ 8 Abs. 3 Satz 3)“ (PBefG, § 12, Abs. 1, Satz 1c)

> *„(2a) Im öffentlichen Personennahverkehr kann die Genehmigung versagt werden, wenn der beantragte Verkehr mit einem Nahverkehrsplan im Sinne des § 8 Absatz 3 nicht in Einklang steht.“* (PBefG, § 13, Abs. 2a)

Den zuständigen Genehmigungsbehörden wird folglich explizit die Möglichkeit eröffnet, Konzessionen von Linien- und Gelegenheitsverkehren nicht zu genehmigen, wenn der beantragte Verkehr im Widerspruch zu den Aussagen zur Barrierefreiheit im NVP steht. Folglich ist *„das Zusammenspiel der beiden Instrumente Nahverkehrsplan und Konzessionsvergabe zentral für eine erfolgreiche Umsetzung der Barrierefreiheit. Grundbedingung ist allerdings, dass die Barrierefreiheit überhaupt im Nahverkehrsplan ausreichend detailliert enthalten ist, daher ist die fachlich fundierte Prüfung der Nahverkehrspläne von Seiten der der Genehmigungsbehörde unverzichtbar.“* (Rebstock 2009, S. 133)

Mit Änderung des PBefG in 2013 wurden in § 8 Abs. 3 diverse Neuerungen in Bezug zur Barrierefreiheit integriert. So wurden z. B. die Personengruppen, deren Belange in Bezug zur Herstellung der Barrierefreiheit zu berücksichtigen sind, präzisiert. Während vor 2013 die Belange „behinderter und anderer Menschen mit Mobilitätsbeeinträchtigung“ Berücksichtigung finden sollten, sind nun die Belange „der in ihrer Mobilität oder sensorisch eingeschränkten Menschen“ zu beachten. Daneben wird seit 2013 die Erreichung einer „vollständigen Barrierefreiheit“ gefordert, vorher wurde eine „möglichst weitreichende Barrierefreiheit“ als Ziel definiert. Auch wird nun mit dem 1. Januar 2022 ein Zieldatum für die Erreichung der vollständigen Barrierefreiheit im ÖPNV genannt. Zudem wurde die Pflicht zur Anhörung von Behindertenbeauftragten oder -beiräten um die Verbände der in ihrer Mobilität oder sensorisch eingeschränkten

Fahrgäste und Fahrgastverbände (soweit vorhanden) erweitert (Bundesarbeitsgemeinschaft ÖPNV der kommunalen Spitzenverbände 2014, S. 6).

Barrierefreiheit als Begriff ist in § 4 des Gesetzes zur Gleichstellung behinderter Menschen (BGG) bundesgesetzlich wie folgt definiert: *„Barrierefrei sind bauliche und sonstige Anlagen, Verkehrsmittel, technische Gebrauchsgegenstände, Systeme der Informationsverarbeitung, akustische und visuelle Informationsquellen und Kommunikationseinrichtungen sowie andere gestaltete Lebensbereiche, wenn sie für Menschen mit Behinderungen in der allgemein üblichen Weise, ohne besondere Erschwernis und grundsätzlich ohne fremde Hilfe auffindbar, zugänglich und nutzbar sind. Hierbei ist die Nutzung behinderungsbedingt notwendiger Hilfsmittel zulässig.“*

Für die Umsetzung der Barrierefreiheit im ÖPNV vor Ort wurden zur generellen Frage des Umgangs mit der Zielbestimmung des novellierten PBefG und insbesondere auch zur Konkretisierung der gesetzlichen Forderung nach „vollständiger“ Barrierefreiheit praxisgerechte Handreichungen für Verkehrsunternehmen (vgl. Verband Deutscher Verkehrsunternehmen 2015) bzw. ÖPNV-Aufgabenträger (vgl. Bundesarbeitsgemeinschaft ÖPNV der kommunalen Spitzenverbände 2014) erarbeitet.

Im Jahr 2015 wurde zudem eine Neudefinition der „vollständigen“ Barrierefreiheit im ÖPNV von der Beauftragten der Landesregierung für die Belange der Menschen mit Behinderung in Nordrhein-Westfalen initiiert. Diese Definition sollte als übertragbares „Vorbild“ für ganz Deutschland fungieren, jedoch konnte kein Einvernehmen zwischen den Beteiligten erzielt werden. Nach dieser Definition ist die vollständige Barrierefreiheit gemäß PBefG erreicht,

„wenn die Auffindbarkeit, Zugänglichkeit und Nutzbarkeit

- *für alle in ihrer Mobilität oder sensorisch eingeschränkten Menschen (das heißt auch für alle Behinderungsarten)*
- *in allen städtischen und ländlichen Regionen*
- *für jede Haltestelle*
- *dienstleistungsübergreifend*
- *in allen Bereichen des ÖPNV-Systems und in allen (baulich) angrenzenden Bereichen*
- *unabhängig von der rechtlichen Verantwortlichkeit für diese Bereiche durch Verkehrsbetriebe, Kommunen, Deutsche Bahn oder andere*
- *unter Berücksichtigung aller geltenden funktionalen Anforderungen und (soweit vorhanden) Umsetzungsvorschriften*

gegeben ist.“ (Agentur Barrierefrei NRW am Forschungsinstitut Technologie und Behinderung (FTB) 2016)

Indes ist Barrierefreiheit als unbestimmter Rechtsbegriff generell nach pflichtgemäßem Ermessen zu interpretieren, wobei die Auslegung unbestimmter Rechtsbegriffe durch technische Regeln und Standards erleichtert wird (Bundesministerium für Verkehr, Bau- und Wohnungswesen 2004, S. 95). Gemäß BAG ÖPNV sollte der Begriff der Vollständigkeit im PBefG daher nicht zu einer Infragestellung der existierenden technischen Anforderungen an die Barrierefreiheit führen. Basis für die Abstimmung örtlicher bzw. regionaler Standards bilden nach wie vor die allgemein anerkannten Regeln der Technik (Rebstock 2017, S. 3 f.; vgl. Abschnitt 2).

Eine sachgerechte Umsetzung des § 8 PBefG sollte daher in einer ernsthaften Auseinandersetzung mit Barrierefreiheit im NVP im Sinne einer strategischen Nahverkehrsplanung fokussieren, die unter Beteiligung von Menschen mit Behinderungen nachvollziehbar, detailliert und begründet darlegt, wie und inwieweit bis 2022 Barrierefreiheit für Menschen mit Mobilitäts- und Sinneseinschränkungen gewährleistet werden kann.

C. *Umsetzung der PBefG-Vorgaben am Beispiel der Stadt Chemnitz*

Der Zweckverband Verkehrsverbund Mittelsachsen hat in seinem NVP allgemeine Festlegungen hinsichtlich der Barrierefreiheit getroffen, welche für alle Teilräume bindend sind. Ergänzend hat die Stadt Chemnitz auf Grundlage eines von der BAG ÖPNV entwickelten Ablaufschemas zur Berücksichtigung der Barrierefreiheit bei Aufstellung eines NVP (vgl. Abbildung 1) ein „Programm zur Schaffung eines barrierefreien ÖPNV in Chemnitz“ (Stadt Chemnitz 2017b) erstellt.

Die Aufstellung dieses Programms wurde von einer eigens gegründeten Arbeitsgruppe „Barrierefreiheit im Nahverkehrsplan“ begleitet. Mitglieder waren u. a. (Stadt Chemnitz 2017b, Anlage 3, S. 8 f.)

- die relevanten Fachabteilungen des Tiefbauamtes als Aufgaben- und Straßenbaulastträger,
- die Chemnitzer Verkehrs-AG (CVAG) mit den verschiedenen Geschäftsbereichen als Verkehrsunternehmen und in ihrer Zuständigkeit für die Infrastruktur der Straßenbahn sowie
- die Beauftragte für Menschen mit Behinderungen, eine Vertreterin des Beirates für Menschen mit Behinderungen und Vertreter von ortsansässigen Verbänden und Selbsthilfegruppen der in ihrer Mobilität eingeschränkten Fahrgäste.

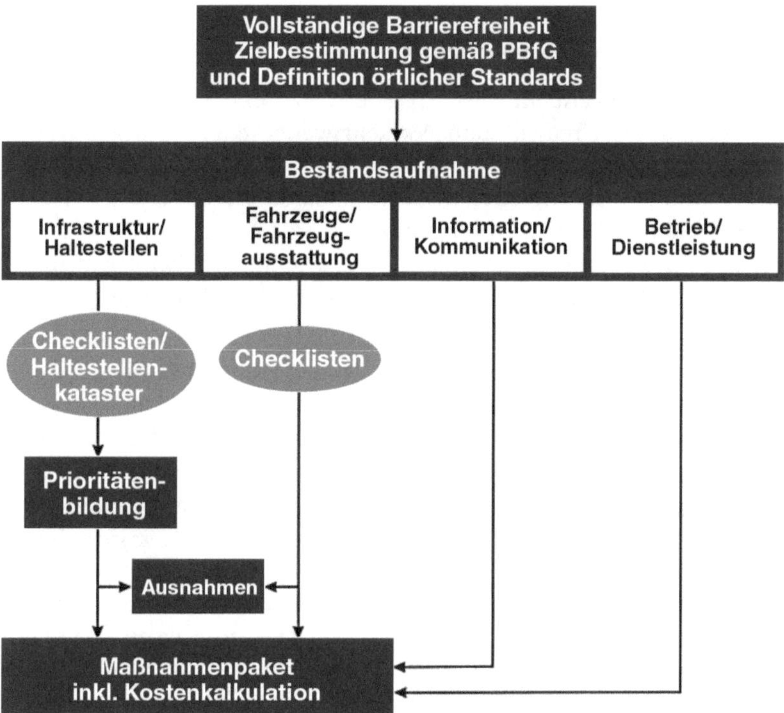

Abbildung 1: Ablaufschema: Berücksichtigung der Barrierefreiheit bei Aufstellung eines Nahverkehrsplanes (Bundesarbeitsgemeinschaft ÖPNV der kommunalen Spitzenverbände 2014, S. 22)

Zunächst hat sich die Stadtverwaltung Chemnitz zur politischen Zielbestimmung gemäß §8 PBefG im Grundsatz bekannt. Allgemein wurde aber darauf hingewiesen, dass konkrete Maßnahmen immer im Ermessen der beteiligen Akteure und unter Vorbehalt des finanziell, personell, organisatorisch und technisch Möglichen stehen. Diesbezüglich wurden auch die gesamtgesellschaftliche Verantwortung und das Erfordernis von Bund- und Länderprogrammen zur Finanzierung thematisiert (Stadt Chemnitz 2017b, Anlage 3, S.4ff).

In Chemnitz bilden die „Regelbauweisen zum barrierefreien Bauen im öffentlichen Verkehrsraum und an Haltestellen“ (Stadt Chemnitz 2015) den örtlichen Standard zur Barrierefreiheit, der dem Programm zur Schaffung eines barrierefreien ÖPNV zu Grunde gelegt wurde. Die Regelbauweisen basieren auf den allgemein anerkannten Regeln der Technik, wobei für die Barrierefreiheit im öffentlichen Verkehrsraum insbesondere zu nennen sind (vgl. auch Rebstock 2020, S. 146ff.):

- H BVA – Hinweise für barrierefreie Verkehrsanlagen (Forschungsgesellschaft für Straßen- und Verkehrswesen e. V. – Arbeitsgruppe Straßenentwurf 2011)
- DIN 18040-3 – Barrierefreies Bauen – Planungsgrundlagen – Teil 3: Öffentlicher Verkehrs- und Freiraum
- EAÖ – Empfehlungen für Anlagen des öffentlichen Personennahverkehrs (Forschungsgesellschaft für Straßen- und Verkehrswesen e. V. – Arbeitsgruppe Straßenentwurf 2013)

Im Rahmen der Bestandsaufnahme wurden die Bereiche Infrastruktur und Haltestellen, Fahrzeuge, Information und Kommunikation sowie Betrieb und Unterhaltung bearbeitet. Dieser Beitrag wird sich im Weiteren aber auf Infrastruktur und Haltestellen beschränken. Für deren Bestandsaufnahme konnte ein bereits existierendes Haltestellenkataster genutzt werden, in dem alle Haltestellen im Stadtgebiet detailliert erfasst sind. Insgesamt existieren in Chemnitz rund 500 Haltestellen mit ungefähr 1.100 Haltestellensteigen. Zur Beurteilung des Ausbauzustandes wurden die Haltestellen in Bushaltestellen (895 Steige) und Straßenbahnhaltestellen (129 Steige) unterteilt. Unter Beachtung der Regelbauweisen wurden der Ausbaustandard mit Bodenindikatoren (BI) für blinde Menschen sowie die vorhandene Bordhöhe betrachtet und die Haltestellen in Ausbauklassen (vgl. Abbildung 2) eingeteilt.

Bushaltestellen	**Straßenbahnhaltestellen**
Klasse 1: BI regelgerecht, Bord ≥ 18 cm	Klasse 1: Bord < 18 cm, keine Bodenindikatoren
Klasse 2: BI regelgerecht, Bord 15–17 cm	Klasse 2: Bord < 18 cm, Bodenindikatoren nicht regelgerecht
Klasse 3: BI regelgerecht, Bord ≤ 15 cm	Klasse 2a: Bord < 18 cm, Bodenindikatoren regelgerecht
Klasse 4: BI nicht regelgerecht oder nicht vorhanden, Bord ≥ 18 cm	Klasse 3: Bord 18–23 cm, keine Bodenindikatoren
Klasse 5: BI nicht regelgerecht oder nicht vorhanden, Bord 15–17 cm	Klasse 4: Bord 18–23 cm, Bodenindikatoren nicht regelgerecht
Klasse 6: BI nicht regelgerecht oder nicht vorhanden, Bord < 15 cm	Klasse 4a: Bord 18–23 cm, Bodenindikatoren regelgerecht
Busbucht	Klasse 5: Bord 24 cm, Bodenindikatoren regelgerecht

Abbildung 2: Bestandsanalyse: Einteilung der Haltestellen in Ausbauklassen (Stadt Chemnitz 2017b, Anlage 3, S. 9f.)

Allgemein ist davon auszugehen, dass ein Haltestellenausbauprogramm einer Prioritätenreihung bedarf, um die begrenzten Finanzmittel so zielgerichtet und effektiv wie möglich einzusetzen sowie eine möglichst große Breitenwirkung zu erzielen. Zur Prioritätenbildung empfiehlt die BAG ÖPNV die Beachtung der in Abbildung 3 aufgeführten Kriterien.

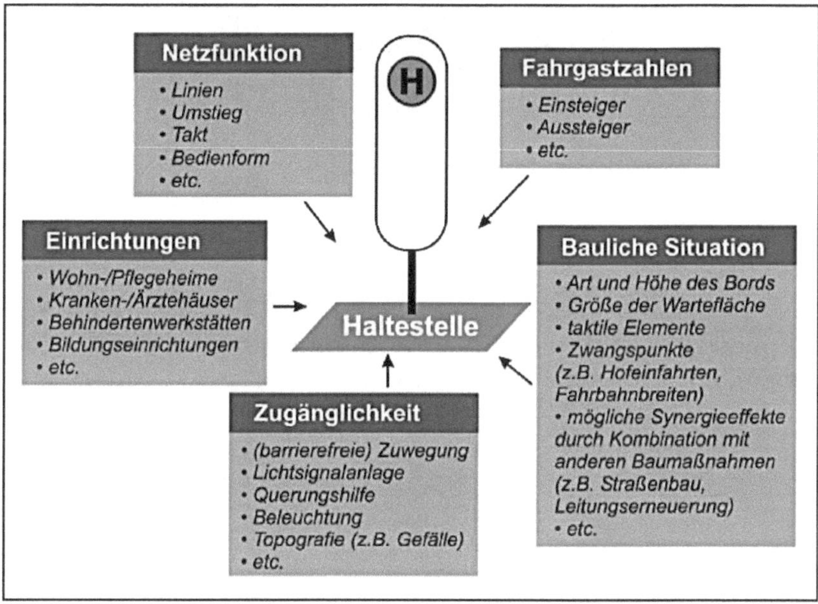

Abbildung 3: Kriterien zur Prioritätenbildung beim Haltestellenausbau (Bundesarbeitsgemeinschaft ÖPNV der kommunalen Spitzenverbände 2014, S. 25)

In der Stadt Chemnitz wurde zur Prioritätenbildung von rund 1.000 Haltestellensteigen eine Nutzwertanalyse unter Berücksichtigung folgender Merkmale durchgeführt:

- Summe Ein- und Aussteiger (2014)
- Umstiegshaltestelle lt. Nahverkehrsplan (ja/nein)
- Anzahl wichtiger Einrichtungen (POI) innerhalb 300 m Einzugsradius der Haltestelle

In Abhängigkeit der Ausprägung des Merkmals wurden Punkte vergeben (vgl. Abbildung 4), deren Summe am Schluss der Analyse zur Bewertung der Haltestelle führte.

Summe Ein-/Aussteiger

Summe Ein-Aussteiger_d_Mo-Fr	Punkte
0 bis 50	0
51 bis 100	1
101 bis 250	2
251 bis 500	3
501 bis 1000	4
ab 1000	5
keine Daten	

= Umstiegs-haltestelle

Umstiegs-haltestelle	Punkte
ja	1
nein	0

HS hat wichtige Einrichtungen (POI) in der Nähe

Anzahl POI innerhalb 300 m Puffer	Punkte
1	1
2	1
3	2
4	2
> 5	3

Summe bilden

Abbildung 4: Punktesystem bei der Bewertung von Haltestellen (Stadt Chemnitz 2017b, S. 12)

Zur Auswertung wurden vier Haltestellenkategorien gebildet (vgl. Abbildung 5), wobei Kategorie 1 die Wichtigste ist.

Summe Punkte	Kategorie Wichtigkeit
6–9	Kategorie 1
3–5	Kategorie 2
1–2	Kategorie 3
0	Kategorie 4

Abbildung 5: Bildung von Kategorien zur Bewertung der Haltestellen (Stadt Chemnitz 2017b, S. 12)

Ergänzend erfolgte eine direkte Zuordnung der Haltestelle in Kategorie 1, wenn diese im Stadtteil „Zentrum“ liegt, über eine dynamische Fahrgastinformation verfügt, von den Vertretungen von Menschen mit Behinderungen mehrheitlich als Zugang zu wichtigen Einrichtungen benannt und / oder im NVP als Referenzhaltestelle ausgewiesen wurde.

Danach wurden alle Haltestellen nach Ausbauklasse und Kategorie geordnet (vgl. Abbildung 6). Im weiteren Prozessverlauf dienten diese Listen dann als Basis für die Aufstellung des konkreten Maßnahmenpakets in Bezug zu Haltestellen.

Kategorie	**Anzahl Haltestellensteige**
Kategorie 1	**318**
Busbucht	39
Klasse 1: BI regelgerecht, Bord ≥ 18 cm	42
Klasse 2: BI regelgerecht, Bord 15–17 cm	11
Klasse 3: BI regelgerecht, Bord ≤ 15 cm	6
Klasse 4: BI nicht regelgerecht oder nicht vorhanden, Bord ≥ 18 cm	74
Klasse 5: BI nicht regelgerecht oder nicht vorhanden, Bord 15–17 cm	57
Klasse 6: BI nicht regelgerecht oder nicht vorhanden, Bord < 15 cm	89
Kategorie 2	**115**
Busbucht	15
Klasse 1: BI regelgerecht, Bord ≥ 18 cm	20
Klasse 2: BI regelgerecht, Bord 15–17 cm	3
Klasse 3: BI regelgerecht, Bord ≤ 15 cm	9
Klasse 4: BI nicht regelgerecht oder nicht vorhanden, Bord ≥ 18 cm	20
Klasse 5: BI nicht regelgerecht oder nicht vorhanden, Bord 15–17 cm	13
Klasse 6: BI nicht regelgerecht oder nicht vorhanden, Bord < 15 cm	35
Kategorie 3	**193**
Busbucht	32
Klasse 1: BI regelgerecht, Bord ≥ 18 cm	12
Klasse 2: BI regelgerecht, Bord 15–17 cm	11
Klasse 3: BI regelgerecht, Bord ≤ 15 cm	1
Klasse 4: BI nicht regelgerecht oder nicht vorhanden, Bord ≥ 18 cm	51
Klasse 5: BI nicht regelgerecht oder nicht vorhanden, Bord 15–17 cm	19
Klasse 6: BI nicht regelgerecht oder nicht vorhanden, Bord < 15 cm	67
Kategorie 4	**269**
Busbucht	40
Klasse 1: BI regelgerecht, Bord ≥ 18 cm	25
Klasse 2: BI regelgerecht, Bord 15–17 cm	12
Klasse 4: BI nicht regelgerecht oder nicht vorhanden, Bord ≥ 18 cm	63
Klasse 5: BI nicht regelgerecht oder nicht vorhanden, Bord 15–17 cm	26
Klasse 6: BI nicht regelgerecht oder nicht vorhanden, Bord < 15 cm	103
Summe aller Steige	**895**

Abbildung 6: Ausbauzustand Beispiel Bushaltestellen nach Kategorien (Stadt Chemnitz 2017b, S. 14)

Abbildung 7 stellt die räumliche Verteilung der Bushaltestellen nach Kategorien im Chemnitzer Stadtgebiet unter Berücksichtigung der o. g. Höherstufung sowie deren prozentuale Verteilung in den Kategorien dar.

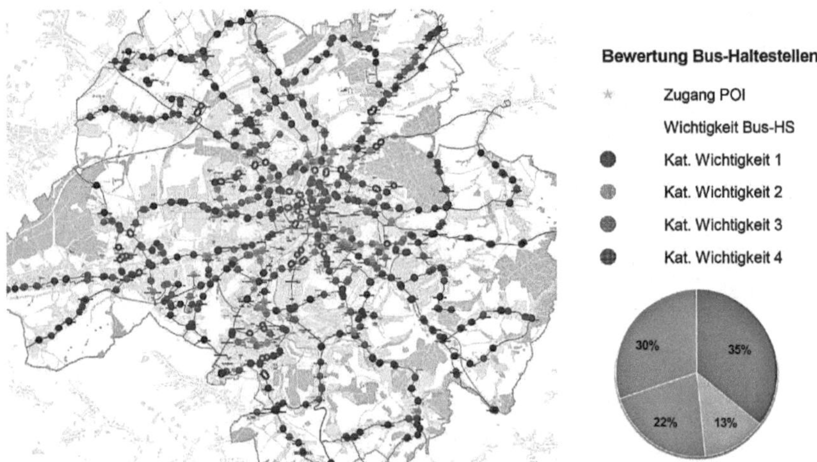

Abbildung 7: Verteilung der Bushaltestellenkategorien im Stadtgebiet Chemnitz (Bräuer 2017, Folie 23)

Wie bereits in Abschnitt 1 erwähnt, ermöglicht § 8 Abs. 3 PBefG auch, im NVP Ausnahmen zum generellen Ziel eines barrierefreien ÖPNV konkret zu benennen und zu begründen. Die Stadt Chemnitz hat in ihrem Programm folgende Ausnahmen benannt, wobei diese im Rahmen der Fortschreibung des NVP unter Berücksichtigung der fortschreitenden technischen Entwicklungen regelmäßig überprüft und ggf. angepasst werden (Stadt Chemnitz 2017b, S. 27):

- Vereinfachter Ausbau von Bushaltestellen der Kategorie 4 (vgl. Abbildung 5)
- Vereinfachter Ausbau von Ersatzhaltestellen und nur bei längeren Bauzuständen
- Bei Kleinbussen kann fahrzeugseitig kein Kneeling angeboten werden

Im Anschluss an die Bestandsanalyse sowie die Aufstellung eines Prioritätenkatalogs wurden Maßnahmenpakete gebildet und so weit wie möglich mit einer Zeitschiene unterlegt. Hierbei wurden u. a. die zur Verfügung stehenden Planungskapazitäten, die verfügbaren Mittel aus Förderprogrammen sowie die zur Verfügung stehenden Eigenmittel der Baulastträger berücksichtigt (vgl. auch Bundesarbeitsgemeinschaft ÖPNV der kommunalen Spitzenverbände 2014, S. 26).

Das Maßnahmenprogramm der Stadt Chemnitz sieht vor, neben der Umsetzung der Barrierefreiheit im Zuge aller regulären Baumaßnahmen, die Bushaltestellen entsprechend ihrer Priorisierung und ihres Ausbauzustandes barrierefrei umzubauen. Angefangen wird mit der Haltestellenkategorie 1 (vgl. Abbildung 5). Innerhalb der Kategorien werden die Haltestellen der Klasse 6 sowie Busbuchten als Erstes umgebaut und danach die Klassen 3, 5 und 2 (vgl. Abbildung 2). Klasse 4 wird parallel zu den anderen Klassen bearbeitet, da sich deren Ausbau auf den Austausch von Bodenindikatoren beschränkt (Stadt Chemnitz 2017b, S. 21).

Das Maßnahmenprogramm enthält auch eine überschlägliche Kalkulation der Kosten aller im Programm für die Schaffung eines barrierefreien ÖPNV in Chemnitz genannten Maßnahmen. Demzufolge belaufen sich die Gesamtinvestitionen auf etwa 30 Mio. EUR. Nicht enthalten sind Neubeschaffungen von Straßenbahnen und laufende Erneuerungen der Busflotte. Etwa die Hälfte der Kosten wird für die Herstellung der Barrierefreiheit an Bushaltestellen benötigt, rund ein Fünftel entfällt auf den Ausbau der Straßenbahnhaltestellen und ein Viertel auf Nachrüstmaßnahmen an bestehenden Straßenbahnfahrzeugen. Für Busnachrüstungen sind 5 % der Finanzmittel notwendig, nur 0,2 % der notwendigen Finanzmittel entfallen auf die Bereiche Betrieb und Unterhaltung sowie Information und Kommunikation (Rebstock 2017, S. 389).

Für Bushaltstellen, deren Baulast auf Seiten der Stadt liegt, werden ca. 13,5 Mio. EUR Gesamtkosten für die Herstellung der Barrierefreiheit genannt. Vor dem Zielhorizont 2022 müsste die Stadt folglich ab 2017 im Durchschnitt im Haushaltplan jährlich ein Budget von knapp 2,7 Mio. EUR für den barrierefreien Umbau bestehender Haltestellen zur Verfügung stellen. Davon sind bei einem Fördersatz von 60 % etwa 1,1 Mio. EUR an Eigenmitteln anzusetzen (Stadt Chemnitz 2017a, Anlage 2, S. 2).

Mit den im Jahr 2017 im Haushaltplan berücksichtigten finanziellen Mitteln können in Chemnitz bis 2022 ca. 150 Haltestellensteige ausgebaut werden, also etwas mehr als die Hälfte aller noch nicht barrierefreien Haltestellen in der Kategorie 1 bzw. fast 20 Prozent aller Bushaltestellen insgesamt. Die verbleibenden Haltestellen müssen *„unter dem Vorbehalt des finanziell, personell und technisch Möglichen"* (Stadt Chemnitz 2017a, Anlage 1, S. 1) in den Jahren ab 2022 schrittweise barrierefrei ausgebaut werden.

D. Fazit

§ 8 Abs. 3 PBefG richtet sich im Hinblick auf die Herstellung der vollständigen Barrierefreiheit an die Aufgabenträger und verpflichtet diese zu einer detaillierten Auseinandersetzung im NVP mit der Frage, wie und inwieweit Barrierefreiheit im ÖPNV bis zum 01.01.2022 erreicht werden kann. Am Beispiel der Stadt Chemnitz wurde dargestellt, wie dieser Prozess innerhalb einer Kommune angegangen und zielgerichtet abgearbeitet werden kann. Gleichwohl ist festzustellen, dass nur wenige Aufgabenträger bzw. Kommunen es schaffen werden, bis zum 01.01.2022 Barrierefreiheit vollständig herzustellen. Es ist daher von Seiten des Bundes, der Länder und der Kommunen erforderlich, auch über das Jahr 2022 hinaus am Ziel der Herstellung Barrierefreiheit im ÖPNV festzuhalten und dies durch entsprechende Regelungen gesetzlich zu unterlegen sowie mit finanziellen Anreizen weiter zu fördern.

E. Quellen

Agentur Barrierefrei NRW am Forschungsinstitut Technologie und Behinderung (FTB) (2016): Definition „Vollständige Barrierefreiheit im öffentlichen Personennahverkehr zum novellierten Personenbeförderungsgesetz (PBefG). (Hg.): Die Beauftragte der Landesregierung für die Belange der Menschen mit Behinderung in Nordrhein-Westfalen. Düsseldorf, Wetter / Ruhr. Online verfügbar unter http://pbefg.ab-nrw.de/, zuletzt geprüft am 22.10.2019.

DIN 18040–3 – Deutsches Institut für Normung e.V.: Barrierefreies Bauen — Planungsgrundlagen — Teil 3: Öffentlicher Verkehrs- und Freiraum, Dezember 2014, Berlin.

Bräuer, Dirk (2017): Der Chemnitzer ÖPNV wird barrierefrei. (wenn auch nicht bis zum 1.1.2022). Skript zum Vortrag. Fachtagung: Barrierefreie Mobilität im ÖPNV. Dresden, 28.06.2017.

Bundesarbeitsgemeinschaft ÖPNV der kommunalen Spitzenverbände (2014): Vollständige Barrierefreiheit im ÖPNV. Hinweise für die ÖPNV-Aufgabenträger zum Umgang mit der Zielbestimmung des novellierten PBefG, erarbeitet durch eine ad-hoc-Arbeitsgruppe der BAG ÖPNV. Chemnitz (u. a.).

Bundesministerium für Verkehr, Bau- und Wohnungswesen [Hrsg.] (2004): Auswirkungen des Gesetzes zur Gleichstellung behinderter Menschen (BGG) und zur Änderung anderer Gesetze auf die Bereiche Bau und Verkehr. FE 70.0703/2000. Köln, Mainz.

Forschungsgesellschaft für Straßen- und Verkehrswesen e. V. – Arbeitsgruppe Straßenentwurf [Hrsg.] (2011): Hinweise für barrierefreie Verkehrsanlagen. H BVA. Köln (FGSV, 212).

Forschungsgesellschaft für Straßen- und Verkehrswesen e. V. – Arbeitsgruppe Straßenentwurf [Hrsg.] (2013): Empfehlungen für Anlagen des öffentlichen Personennahverkehrs. EAÖ. Köln (FGSV, 289).

BGG (2002): Gesetz zur Gleichstellung behinderter Menschen (Behindertengleichstellungsgesetz vom 27. April 2002 (BGBl. I S. 1467, 1468), das zuletzt durch Artikel 3 des Gesetzes vom 10. Juli 2018 (BGBl. I S. 1117) geändert worden ist).

PBefG (1990): Personenbeförderungsgesetz in der Fassung der Bekanntmachung vom 8. August 1990 (BGBl. I S. 1690), das zuletzt durch Artikel 10 des Gesetzes vom 3. Dezember 2020 (BGBl. I S. 2694) geändert worden ist.

Rebstock, Markus (2009): Instrumente zur Umsetzung der Barrierefreiheit im öffentlichen Personennahverkehr. Fallstudie zur Anwendbarkeit in ländlich geprägten Tourismusregionen. Zugl.: Trier, Univ., Diss. Tönning: Der Andere Verl. - Universität Trier.

Rebstock, Markus (2017): Vollständige Barrierefreiheit im ÖPNV bis 2022. In: *Verkehr und Technik* 70 (11.17), S. 383–389.

Rebstock, Markus (2020): Barrierefreiheit in Planungsprozessen. In: Markus Schäfers und Felix Welti (Hg.): Barrierefreiheit - Zugänglichkeit - Universelles Design. Zur Gestaltung teilhabeförderlicher Umwelten. Bad Heilbrunn: Verlag Julius Klinkhardt, S. 143–155.

Stadt Chemnitz (2017a): Beschlussvorlage: Barrierefreiheit im Nahverkehrsplan „Teilraum Chemnitz“. B-028/2017. Chemnitz.

Stadt Chemnitz, Tiefbauamt (2015): Regelbauweisen zum barrierefreien Bauen im öffentlichen Verkehrsraum und an Haltestellen. Chemnitz.

Stadt Chemnitz, Tiefbauamt (2017b): Programm zur Schaffung eines barrierefreien ÖPNV in Chemnitz. Nahverkehrsplan für den Teilbereich Stadt Chemnitz. Chemnitz.

Verband Deutscher Verkehrsunternehmen [Hrsg.] (2015): Barrierefreiheit in der Nahverkehrsplanung gemäß PBefG. Köln (VDV-Mitteilung, 7038).

Vorsicht an der Bahnsteigkante
– Das Bahnsteighöhenkonzept 2017 als politischer Wiedergänger –

Oliver Mietzsch[*]

A. *Einleitung*

Alle Jahre wieder legt die für die Stationen zuständige Infrastrukturgesellschaft des Bundes (DB Station&Service AG) ein neues Bahnsteighöhenkonzept vor: Das letzte offizielle Bahnsteighöhenkonzept stammte aus 2011/2012.[1] Im Sommer 2017 hat die DB Station&Service AG einen Vorschlag für ein neues Bahnsteighöhenkonzept vorgelegt, das das bislang gültige und mit den Bundesländern abgestimmte Bahnsteighöhenkonzept ablösen soll. Allerdings sind dieses Mal die Länder und Regionen als Aufgabenträger des Schienenpersonennahverkehrs wenig angetan von den neuerlichen Überlegungen der staatlichen Betreibergesellschaft von rund 5400 Stationen. Grund hierfür ist die nunmehr weitgehend flächendeckende Vorgabe einer einheitlichen Bahnsteighöhe von 76 cm. Zur Begründung wird seitens der DB Station&Service AG und des zuständigen Bundesverkehrsministeriums auf das Ziel der UN-Behindertenrechtskonvention sowie des zu ihrer Umsetzung angepassten europäischen bzw. nationalen Regelwerks verwiesen. Verschwiegen wird dabei allerdings, dass die bereits in vielen Teilen Deutschlands erreichte Barrierefreiheit mit dem neuen Konzept auf Jahrzehnte hinweg in Frage gestellt würde.

---

* Der Verfasser war vom 01.11.2011 bis 28.02.2021 Geschäftsführer des Zweckverbands für den Nahverkehrsraum Leipzig (ZVNL); seit 01.07. bzw. 01.10.2022 ist er als Geschäftsführer der OWL Verkehr GmbH bzw. der WestfalenTarif GmbH mit Sitz in Bielefeld tätig. Eine frühere Fassung dieses Beitrags wurde in Verkehr+Technik 2018, 339 ff. publiziert.

1 Vgl. *Kieffer, Eberhard; Ernst, Jürgen; Jasper-Ottenhus, Christiane*: Das Bahnsteighöhenkonzept der DB AG, ETR Nr. 5, Mai 2014, S. 36–42.

B. Das neue Bahnsteighöhenkonzept der DB Station&Service AG

In sogenannten Ländergesprächen hat die DB Station&Service AG seit Mitte 2017 ihre Überlegungen für ein neues Bahnsteighöhenkonzept 2017 vorgestellt. Zur Begründung für die Neufassung ist darauf verwiesen worden, dass es bei einer Fortführung der bisherigen Praxis zu „Höhensprüngen", d.h. unterschiedlichen Bahnsteighöhen auf den Linien und insbesondere bei Verbindungen zwischen ländlichem Raum und Metropolen in den Knoten komme. Dazu muss man wissen, dass das Bahnsteighöhenkonzept 2011/2012 zwar von einer Regelbahnsteighöhe von 76 cm Schienenoberkante (SoK) gemäß den Vorgaben in der Eisenbahn-Bau- und Betriebsordnung (EBO) ausgeht, gleichzeitig aber in begründeten Ausnahmefällen für bestimmte Linien oder Netze 55 cm hohe Bahnsteige ebenso ausdrücklich zulässt wie eine Bahnsteighöhe von 96 cm für S-Bahnsysteme etwa in Berlin, Hamburg, Stuttgart oder München. Vor diesem Hintergrund wurde insbesondere im mitteldeutschen Raum, aber auch in angrenzenden Regionen von Niedersachsen, Hessen und Bayern komplett oder weitestgehend ein Ausbau auf 55 cm SoK hohe Bahnsteigkanten vorgenommen – mit Genehmigung des Eisenbahnbundesamtes als Bauaufsichts- und Genehmigungsbehörde und durchgeführt von der DB Station&Service AG. Im Vertrauen darauf haben die Aufgabenträger ihre Fahrzeugkonzepte auf die zulässige Bahnsteighöhe von 55 cm ausgerichtet und vielerorts neue Fahrzeuge beschafft. So sind die 80 Talent 2-Fahrzeuge des von DB Regio Südost betriebenen Mitteldeutschen S-Bahn-Netzes sowie die bauartgleichen 35 Fahrzeuge des von der Abellio Rail Mitteldeutschland GmbH betriebenen Saale-Thüringen Südharz-Netzes allesamt mit einer Wagenhöhe von 600 mm barrierefrei von 55 cm hohen Bahnsteigkanten aus erreichbar. Gleiches gilt für die 29 Neufahrzeuge der Baureihe Coradia Continental von Alstom, die im Elektronetz Mittelsachsen seit Mitte 2016 zwischen Dresden und Hof, Dresden und Zwickau sowie zwischen Chemnitz und Elsterwerda unterwegs sind. Aber nicht nur diese Neufahrzeuge, sondern auch die meisten der in Mitteldeutschland eingesetzten Gebrauchtfahrzeuge verfügen über eine Einstiegshöhe von 55 cm. Von den insgesamt 1.845 Bahnsteigen im mitteldeutschen Raum verfügen heute 44 % über eine Kantenhöhe von 55 cm, 49 % sind bis zu 38cm hoch und nur 7 % weisen eine Höhe von 76 cm auf, die sich darüber hinaus auf wenige (Fernverkehrs)stationen konzentrieren. Damit unterscheidet sich Mitteldeutschland von anderen Regionen insbesondere im Westen der Bundesrepublik, die historisch über 76 cm hohe Bahnsteigkanten verfügen. Dies ist nicht zuletzt eine Folge von 40 Jahren deutscher Teilung. Während sich die Reichsbahn der DDR an den Empfehlungen der Internationalen Eisenbahnorganisation UIC orientierte (UIC-Merkblatt 741), die bei Neubauten im internationalen Bereich eine Bahnsteighöhe von 55 cm SoK forderte, ignorierte die Deutsche Bundesbahn diese Vorgaben und legte sich auf eine Bahnsteighöhe von 76 cm bzw. von 96 cm für Stadtschnellbahnen fest – obwohl damals nur rund 16 % alle Bahnsteige über diese Kantenhöhe verfügten.[2] Auch im europäischen Ausland gab und gibt es unterschiedliche Bahnsteighöhenkonzepte, von 96 cm in Norwegen und den Benelux-Staaten über Mischkonzepte wie etwa in Deutschland und Polen bis hin zu reinen 55 cm-Bahnsteighöhensystemen in vielen süd- und osteuropäischen Ländern.

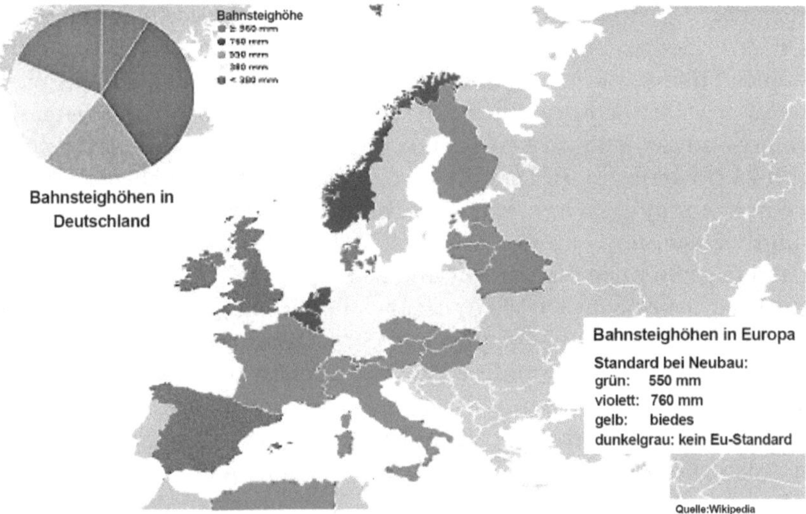

Abb. 1: Bahnsteighöhen in Deutschland und in Europa

C. *Bahnsteighöhenkonzept Mitteldeutschland*

Dass das Thema Bahnsteighöhen sich nicht für ideologische Debatten eignet, sondern ganz pragmatisch im Interesse der mobilitätseingeschränkten Reisenden angegangen werden kann, beweist das Bahnsteighöhenkonzept Mitteldeutschland. Darin haben die acht im mitteldeutschen Raum zu-

2 Vgl. Kleine Anfrage der Abgeordneten Albert Schmidt (Hitzhofen), Kristin Heyne, Egbert Nitsch (Rendsburg), Helmut Wilhelm (Amberg) und der Fraktion BÜNDNIS 90/DIE GRÜNEN, Bundestags-Drucksache 13/8541 vom 22.09.1997.

ständigen SPNV-Aufgabenträger[3] im Jahre 2018 sehr zügig ein Bahnsteighöhenkonzept erarbeitet und abgestimmt, das dem Ziel der weitgehenden Herstellung der Barrierefreiheit Rechnung trägt und dabei die Wirtschaftlichkeit nicht aus dem Blick verliert. Angesichts der Tatsache, dass rund 76% aller Nahverkehrsreisenden in Sachsen, Sachsen-Anhalt und Thüringen auf 55 cm hohen Bahnsteigen ein- und ausstiegen, sprechen sich die genannten Aufgabenträger für eine Regelbahnsteighöhe von 55 cm SoK aus. Davon profitieren übrigens nicht nur die im Nahverkehr reisenden Fahrgäste. Die auf der Linie Hannover-Magdeburg-Halle-Leipzig-Dresden sowie auf der neuen Fernverkehrslinie Dresden-Berlin-Rostock eingesetzten Doppelstock-IC 2 verfügen über einen höhengleichen Einstieg bei 55 cm. Damit sind dies die einzigen Fernverkehrsfahrzeuge der DB AG, die den Anforderungen an einen barrierefreien Einstieg ohne fremde Hilfe genügen. An den wenigen Knotenbahnhöfen wie beispielsweise in Halle, Leipzig, Erfurt, Dresden, Chemnitz oder Magdeburg, die zumeist an den Bahnsteigen für den Fernverkehr über eine Kantenhöhe von 76 cm verfügen, ist bereits jetzt eine Separierung zwischen Nah- und Fernverkehr möglich bzw. kann diese mit relativ wenig Aufwand herbeigeführt werden. Im Leipziger Hauptbahnhof mit den beiden tiefergelegten Bahnsteigen für den Nahverkehr und den übrigen Stationen im City-Tunnel Leipzig sowie im Dresdener Hauptbahnhof mit den Nahverkehrsgleisen im Mittelbau ist ein komplett auf 55 cm Bahnsteighöhe ausgerichtetes Bahnsteighöhenkonzept realisiert worden, dessen nachträglicher Umbau auf 76 cm nicht nur die bereits bestehende Barrierefreiheit auf Jahrzehnte hinweg gefährden, sondern auch Unsummen verschlingen würde. So müssten alleine in den drei mitteldeutschen Ländern ca. 1.660 Bahnsteige auf eine Höhe von 76 cm umgebaut werden. Hinzu käme die Umrüstung von Bahnsteigen in den benachbarten Knotenbahnhöfen. Aufgrund der langen Abschreibungszeiträume und der noch deutlichen längeren wirtschaftlichen Nutzungsdauer der festen Infrastruktur wären Umbauten hier erst sehr langfristig wirtschaftlich tragbar und daher auch nicht zeitnah zu erwarten. Selbst im Konzept der DB Station&Service AG wird von einem Migrationszeitraum von 39 Jahren und Kosten von ca. 7 Milliarden Euro – wohlgemerkt nur für den Umbau der Bahnsteige – ausgegangen. Von den

3 Es sind dies der Nordhessische Verkehrsverbund (NVV), die Nahverkehrsservice Sachsen-Anhalt GmbH (NASA), der Zweckverband Oberlausitz-Niederschlesien (ZVON), der Verkehrsverbund Vogtland, der Zweckverband für den Nahverkehrsraum Leipzig (ZVNL), die Nahverkehrsservicegesellschaft Thüringen mbH (NVS), der Verkehrsverbund Oberelbe (VVO) sowie der Verkehrsverbund Mittelsachen (VMS).

Kosten für die dann notwendige Anpassung der Aufzüge, Rampen und Treppenanlagen und nicht zuletzt den Austausch kompletter Fahrzeugflotten ganz zu schweigen. Die hierfür erforderlichen Aufwendungen müssten letztlich von den Aufgabenträgern und damit den Steuerzahlern bezahlt werden, sei es in Form erhöhter Stationsgebühren oder durch Preisaufschläge bei Neuausschreibungen, da die bisher eingesetzten Fahrzeugflotten vorzeitig ausgemustert werden müssten.

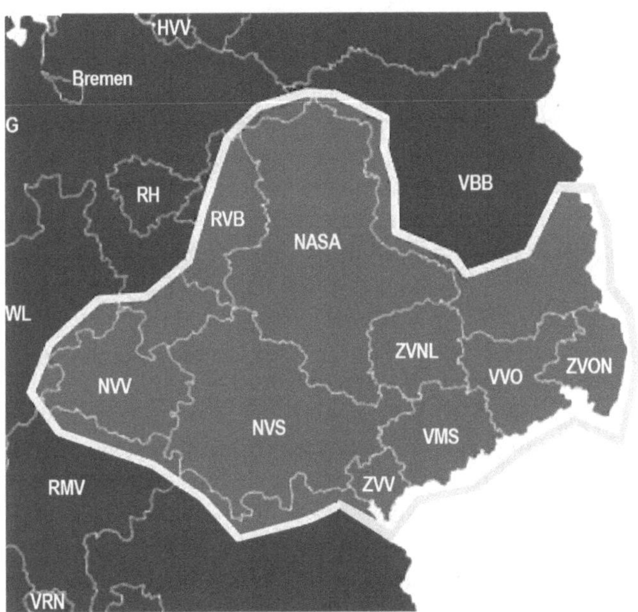

Abb. 2: Region Mitteldeutschland mit heute schon überwiegend 55 cm hohen Bahnsteigen

Im mitteldeutschen Bahnsteighöhenkonzept wird daher die Bildung eines ländergrenzenüberschreitenden S-Bahn- und Regionalverkehrsnetzes mit einer einheitlichen Bahnsteighöhe von 55 cm SoK favorisiert, das um die benachbarten 55 cm hohen Bahnsteignetze in Südbrandenburg, Nordbayern sowie in der Region Braunschweig erweitert werden kann. Für dieses Konzept müssten mittel- bis langfristig lediglich ca. 850 Bahnsteige, die bislang noch unter bzw. 38cm hoch sind, sowie einige wenige 76 cm hohe Bahnsteige auf 55 cm SoK umgebaut werden. Bei unterstellten durchschnittlichen Kosten von 1 Mio. Euro pro Bahnsteig ließen sich somit gegenüber dem DB-Konzept mindestens 850 Mio. Euro einsparen und mit dem eingesparten Geld das Gesamtnetz barrierefrei auf 55 cm umrüsten. Neben dem deutlich geringen finanziellen Aufwand sieht das mitteldeutsche Bahnsteighöhenkonzept auch eine erhebliche Zeitersparnis vor: Bei einem jährlichen Bauvolumen von erfahrungsgemäß 20 bis 30 Bahnsteigen könnte das 55 cm hohe Bahnsteighöhenkonzept der mitteldeutschen SPNV-Aufgabenträger zwischen 25 und 40 Jahre schneller umgesetzt werden als das Konzept der DB Station&Service AG. Worauf also noch warten?

D. Politisches Kräftemessen oder Sieg der praktischen Vernunft?

Beim Vergleich der Antworten der jeweiligen Bundesregierungen auf diverse parlamentarische Anfragen der Opposition drängt sich der Eindruck auf, dass es eher ums Recht haben geht denn um die Interessen der Betroffenen. Getreu dem Ausspruch von Christian Morgenstern[4], dass nicht sein könne, was nicht sein dürfe, beharren die unterschiedlichen Bundesregierungen bislang trotz der sehr unterschiedlichen regionalen Ausgangsbedingungen auf einer einheitlichen Bahnsteighöhe von 76 cm. In seiner Antwort auf die Kleine Anfrage der Fraktion BÜNDNIS 90/DIE GRÜNEN von 1997 bemühte das zuständige Bundesverkehrsministerium den zum damaligen Zeitpunkt noch in den Kinderschuhen steckenden Wettbewerb als Grund für die Forderung nach einer einheitlichen Bahnsteighöhe in Deutschland: „Eine aufgrund regionaler Verhältnisse entstehende Vielfalt von Bahnsteighöhen, die zu Nutzungseinschränkungen für Eisenbahnfahrzeuge führt, diskriminiert im Wettbewerb insbesondere Eisenbahnen mit bundesweiter unternehmerischer Ausdehnung.“[5] Zwanzig Jahre später und angesichts eines florierenden Wettbewerbs im Schienenpersonennahverkehr muss nun das sogenannte Hauptnetz als Rechtfertigung für das Bahnsteighöhenkonzept 2017 herhalten. Dieses Hauptnetz, das sich aus dem Fern- und Ballungsraumnetz, ergänzt durch Verbindungsstrecken, ergebe, sei auf eine Bahnsteighöhe von 76 cm auszulegen, damit dort überregionaler Verkehr stattfinden könne.[6] Dumm nur, dass sich eine offizielle gesetzliche Definition von Haupt- und Nebennetz nirgendwo fin-

---

4 *Morgenstern, Christian*: Gedichte – Kapitel 75: Die unmögliche Tatsache. Verlag Projekt Gutenberg-DE, 2017.

5 Vgl. *Kieffer, Eberhard; Ernst, Jürgen; Jasper-Ottenhus, Christiane*: Das Bahnsteighöhenkonzept der DB AG, ETR Nr. 5, Mai 2014, S. 36–42.

6 Antwort der Bundesregierung auf die Kleine Anfrage der Abgeordneten Torsten Herbst, Olaf in der Beek, Bernd Reuther, weiterer Abgeordneten und der Fraktion der FDP betreffend vom 03.07.2018.

den lässt. Allerdings stellt das Transeuropäische Hochgeschwindigkeitsnetz (TEN-V-Netze) Anforderungen an die Schieneninfrastruktur. Ausweislich der einschlägigen EU-Verordnung[7] sorgen die Mitgliedstaaten dafür, dass die Schieneninfrastruktur

- mit dem europäischen Zugsicherungssystem ERTMS ausgerüstet ist;
- der Richtlinie 2008/57/EG des Europäischen Parlaments und des Rates und deren Durchführungsvorschriften zur Herstellung der Interoperabilität des Gesamtnetzes entspricht;
- den gemäß Artikel 6 der Richtlinie 2008/57/EG festgelegten Anforderungen der TSI genügt;
- außer bei isolierten Netzen bezüglich der Bahnstrecken und, soweit für den Betrieb von elektrischen Zügen erforderlich, bezüglich der Neben- und Abstellgleise, vollständig elektrifiziert ist, sowie
- bezüglich des Zugangs zu Güterterminals den Anforderungen der Richtlinie 2012/34/EU des Europäischen Parlaments und des Rates entspricht.

Aussagen zur Bahnsteighöhen finden sich dabei im Zusammenhang mit den Anforderungen der TSI Infrastruktur (Technical Specification Interoperability). Wörtlich heißt es in der hierzu ergangenen Verordnung in Punkt 9.2 Bahnsteige: „Für Bogenhalbmesser von 300 m und mehr muss die nominelle Bahnsteighöhe 550 mm oder 760 mm über der Schienenoberkante betragen."[8]

Ginge es also darum, möglichst allen Reisenden im Schienenpersonennahverkehr einen barrierefreien Zugang zu den Zügen zu ermöglichen, wären regional angepasste Bahnsteighöhenkonzepte das Gebot der Stunde. Niemand fährt mit dem Nahverkehrszug von Westerland nach Oberstdorf; das Argument durchgängiger Reiseketten, die eine einheitliche Bahnsteighöhe erforderten, ist somit vom Tisch. Vielmehr bewegen sich die Fahrgäste des Nahverkehrs, typischerweise handelt es sich dabei um Pendler im Berufs- und Ausbildungsverkehr, in Netzen, die im Regionalisierungsgesetz hinsichtlich maximaler Reichweite und Reisezeit definiert sind.[9] Im

---

7 Verordnung (EU) Nr. 1315/2013 des Europäischen Parlaments und des Rates vom 11. Dezember 2013 über Leitlinien der Union für den Aufbau eines transeuropäischen Verkehrsnetzes und zur Aufhebung des Beschlusses Nr. 661/2010/EU.

8 Verordnung (EU) Nr. 1299/2014 der Kommission vom 18. November 2014 über die technische Spezifikation für die Interoperabilität des Teilsystems „Infrastruktur" des Eisenbahnsystems in der Europäischen Union, Anhang, Punkt 4.2.9.2.

9 Gesetz zur Regionalisierung des öffentlichen Personennahverkehrs (Regionalisierungsgesetz – RegG), § 2 Begriffsbestimmungen: „Öffentlicher Personennahver-

Fernverkehr hingegen legen viele Reisende in der Tat zum Teil weite Entfernungen zurück und würden sich daher sicherlich über barrierefreie Reiseketten freuen. Bis auf die IC2-Doppelstockwagen, die von 55 cm hohen Bahnsteigen aus barrierefrei erreichbar sind, und die bis zum Jahr 2025 als ICE L einzuführenden 23 IC Talgo mit einer Wagenbodenhöhe von 760 mm (mit Ausnahme der Endwagen) existiert bislang kein einziges Fernverkehrsfahrzeug der Deutschen Bahn, dass ohne fremde Hilfe erreichbar ist, gleich ob es sich dabei um 38 cm, 55 cm, 76 cm oder gar 96 cm hohe Bahnsteige handelt. Vor diesem Hintergrund hatten sich die Verkehrsminister der Länder bereits auf ihrer Tagung am 21./22. März 1996 in begründeten Fällen für Abweichungen von der Bahnsteigregelhöhe ausgesprochen und gefordert, dass übergangsweise auch Bahnsteighöhen von 38 cm und 55 cm SoK in die Projektförderung nach dem Gemeindeverkehrsfinanzierungsgesetz sowie dem Bundesschienenwegeausbaugesetz einbezogen und hierfür Investitionszuschüsse gewährt werden. Auf ihrer Frühjahrstagung am 19./20.04.2018 hat die Verkehrsministerkonferenz beschlossen, in der EBO 55 cm hohe Bahnsteigkanten als weitere Regelbahnsteighöhe zuzulassen. Darüber hinaus forderten die Länderverkehrsminister, dass die derzeit wegen des neuen Bahnsteighöhenkonzepts bestehenden Baustopps und Planungsstillstände beendet und alle im Bau oder Planung befindlichen Stationsmaßnahmen fortgesetzt sowie bestehende Verträge und Vereinbarungen eingehalten werden. Vor diesem Hintergrund ist es nicht verwunderlich, dass die DB Station&Service AG und die Länder seit 2017 wegen der vertraglichen und finanziellen Einzelheiten des Bahnsteighöhenkonzeptes im Gespräch sind, sich im Ergebnis bislang aber vor allem über diverse Ausnahmeregelungen zur weiteren Zulässigkeit der Bahnsteighöhe 55 cm verständigt haben, auch wenn der staatliche Infrastrukturbetreiber weiterhin die Bahnsteighöhe 76 cm als Zielhöhe präferiert und die in Mitteldeutschland verbreitete Bahnsteighöhe von 55 cm bestenfalls als Migrationskonzept ansieht. Es wird daher Zeit, dass sich die Bahn und ihr Eigentümer nicht länger einer sinnvollen und praktikablen Regelung zum Thema Bahnsteighöhen verweigern. Im Interesse der mobilitätseingeschränkten Reisenden und der Steuerzahler!

---

kehr im Sinne dieses Gesetzes ist die allgemein zugängliche Beförderung von Personen mit Verkehrsmitteln im Linienverkehr, die überwiegend dazu bestimmt sind, die Verkehrsnachfrage im Stadt-, Vorort- oder Regionalverkehr zu befriedigen. Das ist im Zweifel der Fall, wenn in der Mehrzahl der Beförderungsfälle eines Verkehrsmittels die gesamte Reiseweite 50 Kilometer oder die gesamte Reisezeit eine Stunde nicht übersteigt."

Reisen für Alle – Bahnfahren ohne Barrieren

Torsten Wilson[*]

A. *Deutschland braucht eine starke Schiene*

Mehr als jemals zuvor braucht Deutschland eine starke Schiene. Die starke Schiene hilft unserem Land, existentielle Herausforderungen zu meistern: Deutschland wird seine Klimaziele nur erreichen, wenn es im kommenden Jahrzehnt gelingt, massiv Verkehr auf die Schiene zu verlagern. Und die Bundesrepublik wird nur dann weiterhin ein wirtschaftlich erfolgreiches Land sein, wenn Menschen und Güter mobil bleiben, und nicht immer häufiger im Stau stehen. Die Deutsche Bahn stellt sich dieser Verantwortung. Ohne Wenn und Aber, im engen Schulterschluss mit der gesamten Branche und der Politik. Denn für eine starke Schiene müssen alle an einem Strang ziehen. Zum Vorteil Deutschlands – und zum Vorteil Europas. Insoweit gilt:

- die Bahn ist schon heute das klimafreundlichste Verkehrsmittel,
- die Bahn ist heute schon weitestgehend elektromobil,
- die Bahn als Massenverkehrsmittel bringt die Menschen direkt in die Metropolen und
- die Bahn macht Reisezeit sinnvoll nutzbar.

B. *Barrierefreiheit – Unser Auftrag*

Uns ist es ein wichtiges Anliegen, bestehende Barrieren im Zusammenhang mit den Reisen behinderter Menschen weiter kontinuierlich abzubauen. Seit 17 Jahren arbeiten die Geschäftsfelder aller Unternehmensbereiche der Deutschen Bahn (DB) mit den vom Deutschen Behindertenrat entsandten Vertretern in der Programmbegleitenden Arbeitsgruppe erfolg-

---

[*] Der Verfasser war zum Zeitpunkt des Vortrags Referent des Konzernbevollmächtigten der DB AG für die Länder Sachsen, Sachsen-Anhalt und Thüringen (IL-SO) und ist derzeit Leiter der Stabsstelle Masterplan Schieneninfrastruktur 2030, Reaktivierungen und Lückenschlüsse im Thüringer Ministerium für Infrastruktur und Landwirtschaft.

reich zusammen. Mit der Expertise dieser Arbeitsgruppe wurden viele Projekte zur Verbesserung der Barrierefreiheit bei der DB vorangebracht. Wir sind stolz auf den gemeinsam zurück gelegten Weg, den konstruktiven Dialog und die partnerschaftliche Zusammenarbeit. Ein herausragendes Beispiel ist die Einführung des ICE 4, der in Europa neue Standards beim barrierefreien Reisen setzt.

Die Deutsche Bahn möchte Menschen mit Behinderungen ein selbstbestimmtes und barrierefreies Reisen ermöglichen und stützt sich dabei auf die geltenden Gesetze und Verordnungen. Die Kontaktstelle für kundenbezogene Behindertenangelegenheiten ist zentraler Ansprechpartner im DB Konzern zum Thema Barrierefreiheit.

C. Zielgruppenmanagement – Chance und Herausforderung

Menschen mit Behinderungen und mobilitätseingeschränkte Reisende sind ein wichtiger Teil unserer Zielgruppe.

Im engeren Sinne sind das Menschen mit

- körperlichen Behinderungen,
- sensorischen Behinderungen (Sehbehinderungen, Hörbehinderungen),
- kognitiven Behinderungen sowie
- sonstigen nicht sichtbaren Beeinträchtigungen, chronischen Erkrankungen, tiefenpsychologischen Einschränkungen (z.B. Autismus).

Im weiteren Sinne sind das

- ältere Menschen,
- vorübergehend mobilitätseingeschränkte Personen (z. B. durch Unfall oder Krankheit),
- Kinder,
- werdende Mütter,
- Personen mit Kinderwagen, schwerem bzw. unhandlichem Gepäck und
- internationale Fahrgäste mit Sprachbarrieren.

D. Unsere Leistungen – Überblick

Bei den Leistungen entlang der Reisekette sind die Kundenbedürfnisse unser Maßstab.

Was leisten wir im Detail? Vor der Fahrt, während der Fahrt und auf unseren Verkehrsstationen?

Inspiration & Reisewunsch:

- Mobilitätspakete: Unterbringung plus Ausflugs- und Kulturprogramm unter *bahn.de/reiseziele-barrierefrei*

Planung und Buchung:

- Alle Informationen zur Reise für Menschen mit Behinderungen unter *bahn.de/barrierefrei*
- Zielgruppenspezifische Informationen zur Reiseplanung
- Mobilitätsservice-Zentrale: Auskunft und Beratung per Telefon und E-Mail, Anmeldung von Hilfeleistungen per Online-Formular, eigener Kanal für Menschen mit Hörbehinderung
- Ermäßigung & Sonderkonditionen: BahnCard, kostenloses Reisen im Nahverkehr mit entsprechender Wertmarke
- Reiseauskünfte per Spracheingabe über Amazon Alexa
- DB Gepäckservice: Preisermäßigung für die Zielgruppe und kostenloser Versand von Hilfsmitteln

Am Bahnhof:

- 84 % der 5.700 Bahnhöfe sind stufenlos erreichbar
- durchschnittlich 100 Stationen pro Jahr werden barrierefrei umgebaut
- 5.200 der 9.200 Bahnsteige sind mit taktilem Leitsystem aus Bodenindikatoren ausgestattet
- Rund 100 DB-Reisezentren mit barrierefreien Einrichtungen sowie barrierefreie Video-Reisezentren
- Ständige Weiterentwicklung der Fahrkartenautomaten in Richtung Barrierefreiheit
- 16 mobile Teams sorgen für sicheres Ein- und Aussteigen

Während der Fahrt: Barrierefreie Bahnen und Busse:

- taktiles Wegeleitsystem
- taktile Sitzplatznummern und Haltegriffe an den Sitzen
- Laufstraßenbegrenzungen im Fahrgastbereich
- Deckenmonitore im Fahrgastraum mit Echtzeitinformationen
- Hubtische im Rollstuhlbereich
- Modellabhängig: akustische Türfindesignale für Menschen mit Sehbehinderung, fahrzeuggebundene Einstiegshilfe (Hublift) oder mobile Rampe, große Gepäckregale mit Stauraum in Fußbodenhöhe oder einer niedrigen Ablagehöhe

- Stufenloser Einstieg im ICE L des spanischen Herstellers Talgo (ab Herbst 2024)
- Neue Fernverkehrszüge verbessern die Barrierefreiheit deutlich.

Behinderte Fahrgäste: Bleiben wir auf der Strecke?

*Sigrid Arnade**

A. Vorstellung

Heute vertrete ich hier die Interessenvertretung Selbstbestimmt Leben in Deutschland e.V. – ISL. Die ISL ist eine menschenrechtsorientierte Selbstvertretungsorganisation behinderter Menschen mit ganz unterschiedlichen Beeinträchtigungen und gleichzeitig die Dachorganisation der rund 25 Zentren für Selbstbestimmtes Leben in Deutschland. Die ISL ist der deutsche Zweig der weltweiten Selbstvertretungsorganisation Disabled Peoples´ International (DPI). Die ISL wurde 1990 gegründet und ihre Mitglieder vertreten bereits seit damals einen menschenrechtsorientierten Ansatz, was im vorigen Jahrhundert noch ziemlich revolutionär war. Entsprechend haben ISL-Mitglieder in verschiedenen Positionen an den Verhandlungen zur UN-Behindertenrechtskonvention (UN-BRK) in New York teilgenommen.

Ich selbst war bis Ende vorigen Jahres die ISL-Geschäftsführerin. Jetzt bin ich Rentnerin und die ISL-Sprecherin für Gender und Diversity. Ich habe den Deutschen Behindertenrat (DBR) mitgegründet und war für den DBR an den Verhandlungen zur UN-BRK in New York beteiligt. Hier und heute vertrete ich das ISL-Vorstandsmitglied Horst Frehe, der gleichzeitig Mitglied im DBR-Sprecherrat und derzeit leider aus Krankheitsgründen verhindert ist.

B. Bestandsaufnahme

Im Personenbeförderungsgesetz (PBefG) ist in § 8 Abs. 3 Satz 3 das Ziel definiert, dass der öffentliche Personennahverkehr (ÖPNV) bis zum 1. Januar 2022 vollständig barrierefrei sein soll. Genannt werden speziell Menschen, die in ihrer Mobilität oder sensorisch eingeschränkt sind. Außerdem ist festgeschrieben, dass Nahverkehrspläne unter Beteiligung der Be-

---

* Die Verfasserin ist Sprecherin für Gender und Diversity der Interessenvertretung Selbstbestimmt Leben in Deutschland e.V. (ISL).

troffenen zu formulieren sind, um dieses Ziel zu erreichen. Geschieht Letzteres nicht, greift nach § 15 Abs. 1 Nummer 2 Behindertengleichstellungsgesetz (BGG) das Verbandsklagerecht.

Nach unseren Erfahrungen bewirken diese Bestimmungen nicht den gewünschten Effekt: Zum Teil verschwinden gute Nahverkehrspläne in den Schubladen der Verantwortlichen, und niemand richtet sich danach, obwohl sie unter großem Einsatz unsererseits erarbeitet wurden. Teilweise wird nicht barrierefreies neues Material angeschafft. Es gibt kein durchgängiges 2-Sinnes-Prinzip. Das sind nur einige Beispiele. Diese Mängel lassen sich leider nicht durch Klagen beheben. Insgesamt kann man sagen, dass die Vorschriften nicht die gewünschte Wirkung entfaltet haben und der intendierte Zeitplan nicht zu halten ist.

C. Reformbedarf

Zunächst möchte ich einige Vorschläge für wirksamere gesetzliche Regelungen unterbreiten:

- Es muss eine gesetzlich verankerte Verpflichtung geben, dass die Betroffenen über die sie vertretenen Verbände an der Gestaltung und Beschaffung von Fahrzeugen beteiligt werden.
- Diese Verpflichtung ist als auflösende Bedingung festzuschreiben. Das bedeutet, dass im Falle der Zuwiderhandlung auch bereits bestellte Fahrzeuge nicht zum Einsatz kommen.
- Die Verbandsklagemöglichkeiten müssen entsprechend erweitert werden.
- Statt der bisher ausschließlich vorgesehenen Feststellungsklagen muss es künftig die Möglichkeit geben, Verpflichtungsklagen zu erheben.

Nun komme ich zu einigen Sofortmaßnahmen, die unabhängig von neuen gesetzlichen Regelungen zu ergreifen sind: Bis Ende 2021 ist es durchaus noch möglich, das 2-Sinnes-Prinzip durchgängig im gesamten ÖPNV umzusetzen. Außerdem sollten ab sofort behinderte Menschen über die sie vertretenden Organisationen effektiv an allen Planungen und Entscheidungen im ÖPNV beteiligt werden. Ebenfalls sofort zu realisieren ist die Forderung, Ein- und Ausstiege jederzeit zu ermöglichen, solange öffentliche Verkehrsmittel unterwegs sind. Dieser letzte Punkt bezieht sich auf Fahrzeuge, die von behinderten Fahrgästen nur mit fremder Unterstützung unter Einsatz angemessener Vorkehrungen genutzt werden können.

D. Ausblick

Nach unseren bisherigen Erfahrungen muss jeder klitzekleine Fortschritt in hartem Ringen erkämpft werden. Und ich frage mich, ob es nicht auch einmal anders gehen könnte. Mein Wunsch ist es, dass alle an einem Strang ziehen. Die Partizipation der Betroffenen müsste dabei auf Augenhöhe gewährleistet werden. Es müsste verbindliche Zeitpläne mit Zwischenzielen und Zielen geben. Außerdem müssten die Verantwortlichkeiten klar definiert werden.

Außergerichtliche Konfliktschlichtung und barrierefreie Mobilität

Rica Werner[*]

A. Einleitung

Bei der Beförderung von Fahrgästen kann es zu verschiedensten Problemen kommen. Verspätungen und die Nichterbringung von Verkehrsleistungen können ebenso Gegenstand von Konflikten sein wie die fehlende Barrierefreiheit von Bahnhöfen oder Verkehrsmitteln. Für Fahrgäste stellt sich in diesen Fällen die Frage, auf welchem Wege sie ihre Rechte möglichst effektiv geltend machen können. Die Vorteile außergerichtlicher Streitbeilegung liegen hier auf der Hand: Schlichtungsverfahren werden in der Regel innerhalb eines überschaubaren Zeitraums abgeschlossen. Ziel ist in erster Linie eine pragmatische und rechtsverbindliche Lösung. Schlichtungsverfahren sind außerdem im Gegensatz zu gerichtlichen Verfahren für Fahrgäste nicht mit einem Kostenrisiko verbunden. Sie können frei entscheiden, ob sie einen Schlichtungsvorschlag annehmen oder ablehnen. Können sich die Schlichtungsparteien nicht einigen, bleibt aufgrund der aufschiebenden Wirkung der Anträge der herkömmliche Rechtsweg.

Bei komplexeren Streitigkeiten kann sich ein Schlichtungsverfahren auch dann als hilfreich erweisen, wenn keine gemeinsame Lösung gefunden wurde. So bieten Schlichtungsverfahren die Möglichkeit, den streitigen Sachverhalt tatsächlich und rechtlich aufzuarbeiten. Unabhängige Rechtsauffassungen können ebenso eingeholt werden wie Stellungnahmen der Gegenpartei. Somit kann gerade auch ein erfolgloser Schlichtungsversuch dazu dienen, die Erfolgsaussichten weiterer rechtlicher Schritte besser einzuschätzen[1].

---

* Die Verfasserin ist schlichtende Person der Schlichtungsstelle BGG.

1 Antidiskriminierungsstelle des Bundes (Hrsg.), Möglichkeiten der Rechtsdurchsetzung des Diskriminierungsschutzes bei der Begründung, Durchführung und Beendigung zivilrechtlicher Schuldverhältnisse, S. 142.

B. *Schlichtungsstellen für Fahrgäste*

Bei individuellen Streitigkeiten im Bereich Mobilität gibt es verschiedene Anlaufstellen für außergerichtliche Schlichtungen:

Auf privatrechtlich organisierter Ebene stehen nach dem Verbraucherstreitbeilegungsgesetz von der Bundesregierung mehrere anerkannte Schlichtungsstellen bereit. Zum einen gibt es die Möglichkeit, sich an die Schlichtungsstelle für den öffentlichen Personenverkehr e.V. (soep) zu wenden[2]. Die Streitbeilegung in individuellen Streitfällen zwischen den Reisenden und Unternehmen im Bereich Bahn, Bussen, Flugzeugen und Schiffen stellt die Kernaufgabe dieser Schlichtungsstelle dar. Voraussetzung für eine Schlichtung ist, dass die jeweiligen Unternehmen Mitglied der Schlichtungsstelle sind[3]. Seit Ende 2019 beteiligen sich auch Anbieter bzw. Vermittler von Pauschalreisen am Schlichtungsverfahren der soep.

Neben der soep existieren auf Landesebene weitere regionale Schlichtungsstellen für den lokalen Bus- und Bahnverkehr[4].

Für Konflikte über Ansprüche aus einem Verbrauchervertrag kommt seit 2014 auch der Gang zur Allgemeinen Verbraucherschlichtungsstelle in Kehl in Betracht. Diese Universalschlichtungsstelle ist als Auffangschlichtungsstelle für alle Verfahren konzipiert, für die keine branchenspezifischen Schlichtungsstellen zur Verfügung stehen[5].

Im Bereich Luftverkehr wurde überdies eine behördliche Schlichtungsstelle Luftverkehr beim Bundesamt für Justiz eingerichtet. Hier sind Schlichtungen mit Luftverkehrsunternehmen möglich, die der Teilnahme an Verfahren der soep nicht zugestimmt haben[6]. Für die Luftfahrunternehmen, die der soep beigetreten sind, bildet allerdings letztere für die Fahrgäste die richtige Anlaufstelle.

Darüber hinaus können sich Fahrgäste für eine außergerichtliche Konfliktbeilegung auch an verschiedene Beschwerdestellen wenden. Beim Eisenbahn-Bundesamt ist eine Beschwerdestelle für die Durchsetzung der

---

2 http://soep-online.de.

3 Nähere Informationen zu den der soep beigetretenen Verkehrsunternehmen sind auf der Internetseite der soep aufgeführt.

4 Hierzu gehören z.B. die Schlichtungsstelle Nahverkehr Nordrhein-Westfalen und die Schlichtungsstelle Nahverkehr Niedersachsen und Bremen e.V.

5 Rechtsgrundlage ist die am 2016 in Kraft getretene EU-Verordnung Nr. 524/2013, die die Online-Beilegung verbraucherrechtlicher Streitigkeiten insbesondere mit Onlinehändlern regelt sowie die „Richtlinie über alternative Streitbeilegung für Verbraucher" (EU-Richtlinie 2013/11/EU).

6 Die Rechtsgrundlagen dieser behördlichen Schlichtungsstelle finden sich in §§ 57 ff. LuftVG.

Fahrgastrechte im Bereich Schifffahrt, Eisenbahn und Bus zuständig[7]. Über den Einzelfall hinaus können hier auch Fälle standardisiert erfasst werden, soweit es um unzureichende Hilfeleistung/ Information für Personen mit eingeschränkter Mobilität geht. Im Luftfahrt-Bundesamt findet sich eine Beschwerdestelle, bei der es um die Durchsetzung der Fahrgastrechte im Luftverkehr geht.

C. *Außergerichtliche Konfliktschlichtung i.V.m. Barrierefreiheit*

Während die bisher genannten Schlichtungsstellen ihre Zuständigkeit an für alle Menschen geltenden Fahrgast- bzw. Verbraucherschutzrechten ausrichten, gibt es bei Konflikten zur Barrierefreiheit zusätzlich eine ausdrücklich auf Diskriminierungen bezogene Schlichtungsstelle. Diese steht allein Menschen mit Behinderungen und den entsprechenden Fachverbänden offen. Die Schlichtungsstelle nach dem Behindertengleichstellungsgesetz (Schlichtungsstelle BGG) wurde im Dezember 2016 bei der damaligen Beauftragten der Bundesregierung für die Belange von Menschen mit Behinderungen eingerichtet. Rechtsgrundlage ist § 16 BGG. Grund für deren Einführung war eine Evaluation des bereits 2002 in Kraft getretenen BGG, welche ergeben hatte, dass die in dem Gesetz enthaltenen Rechte bis dahin in der Rechtswirklichkeit kaum geltend gemacht worden waren und es deshalb neuer Konfliktlösungsmöglichkeiten bedurfte[8]. Die Schlichtungsstelle BGG soll nun niedrigschwellig dazu beitragen, die Benachteiligung von Menschen mit Behinderungen zu beseitigen und ihnen eine selbstbestimmte Lebensführung zu ermöglichen.

Menschen mit Behinderungen können die Schlichtungsstelle BGG anrufen, wenn es um Streitigkeiten aufgrund fehlender Barrierefreiheit bzw. aufgrund einer Benachteiligung aufgrund einer Behinderung geht.

In den Verfahren der Schlichtungsstelle BGG zum öffentlichen Personenverkehr wurde in den vergangenen Jahren eine Vielfalt von Sachverhalten thematisiert. Hierzu gehört beispielsweise die Zugänglichkeit eines S-Bahnhofes während des Umbaus durch Errichtung provisorischer Aufzüge, Hilfeleistungen für mobilitätseingeschränkte Fahrgäste beim Ein- und

---

7 Nationale Durchsetzungsstelle für Kraftomnibusverkehr, E-Mail: fahrgastrechte@eba.bund.de.

8 Vgl. hierzu *Welti*, Evaluation des Behindertengleichstellungsgesetzes – Abschlussbericht, Kassel 2014.

Ausstieg, Ereignisse im Zusammenhang mit Fahrkartenkontrollen, der Erwerb von Fahrausweisen und vieles mehr.

I. Beteiligung der Verkehrsunternehmen an der Schlichtung

Antragsgegner dieser Schlichtungsverfahren bei der Schlichtungsstelle BGG sind allerdings in aller Regel nicht die Verkehrsnehmen selbst, sondern die Bundesbehörden, welche die Aufsicht über das jeweilige Verkehrsunternehmen ausüben. Grund hierfür ist, dass das BGG bis auf einige Ausnahmen nur Träger öffentlicher Gewalt des Bundes zur Barrierefreiheit verpflichtet. Verkehrsunternehmen selbst sind aufgrund ihrer privatrechtlichen Struktur keine Träger öffentlicher Gewalt und kommen deshalb meist nicht als unmittelbar Beteiligte von Schlichtungsverfahren in Betracht[9].

Gleichwohl ist es unter bestimmten Voraussetzungen möglich, Konflikte zwischen Menschen mit Behinderungen und Verkehrsunternehmen in Schlichtungsverfahren der Schlichtungsstelle BGG zu bearbeiten. Schlichtungsbeteiligte sind in diesen Fällen nicht die Verkehrsunternehmen selbst, sondern der jeweilige Träger öffentlicher Gewalt. Für Streitigkeiten mit Verkehrsunternehmen kommen in erster Linie das Bundesministerium für Verkehr und Infrastruktur sowie dessen nachgehordnete Behörden in Betracht. Zu den Trägern öffentlicher Gewalt gehören gemäß § 1 Abs. 1a Nr. 2 BGG auch Beliehene, so dass zusätzlich Schlichtungsverfahren mit Beteiligung von Flug- oder Schiffskapitänen möglich sind[10].

Bei Streitigkeiten zur barrierefreien Mobilität stellt sich im Schlichtungsverfahren dann die die Frage, inwieweit Bundesbehörden gegenüber den Verkehrsunternehmen auf die Verwirklichung der Ziele des BGG hinwirken können und müssen. Hierzu gibt das BGG an mehreren Stellen Anhaltspunkte:

In § 1 Abs. 2 BGG wird eine Förderpflicht aufgestellt. Hiernach ist „die Benachteiligung von Menschen mit Behinderungen zu beseitigen und zu verhindern sowie ihre gleichberechtigte Teilhabe am Leben in der Gesell-

---

9 So steht die DB AG zwar im Alleineigentum des Bundes, ist aber aufgrund ihrer privaten Rechtsform kein Träger öffentlicher Gewalt i.S.d. BGG, vgl. auch *Tolmein*, EU-Fahrgastrechte und die Beförderungssituation von Menschen mit Behinderungen im Deutschen Bahnverkehr, S. 9.

10 Flugkapitäne sind nach § 12 Abs. 1 Luftsicherheitsgesetz Beliehene, soweit sie „für die Sicherheit und Ordnung an Bord des im Flug befindlichen Luftfahrzeugs" sorgen. Für den Schiffskapitän gilt gleiches nach § 121 Seearbeitsgesetz.

schaft zu gewährleisten und ihnen eine selbstbestimmte Lebensführung zu ermöglichen".

Gemäß Absatz 3 sollen Träger öffentlicher Gewalt darauf hinwirken, dass Einrichtungen, Vereinigungen und juristische Personen des Privatrechts, an denen die Träger öffentlicher Gewalt unmittelbar oder mittelbar ganz oder überwiegend beteiligt sind, die Ziele dieses Gesetzes in angemessener Weise berücksichtigen. Soweit Verkehrsunternehmen Zuwendungen empfangen, soll auch durch Nebenbestimmungen sichergestellt werden, dass die institutionellen Zuwendungsempfänger die Vorgaben des BGG beachten.

Die Bundesbehörden sind also aus dem Behindertengleichstellungsgesetz heraus verpflichtet, die Verkehrsunternehmen im Rahmen ihrer Förder- und Hinwirkungspflicht zur Einhaltung der Barrierefreiheit anzuhalten.

Das Behindertengleichstellungsgesetz definiert die Barrierefreiheit in § 4 BGG. Barrierefrei sind hiernach bauliche und sonstige Anlagen, Verkehrsmittel und andere Bereiche, wenn sie für die Menschen mit Behinderungen in der allgemein üblichen Weise, ohne besondere Erschwernis und grundsätzlich ohne fremde Hilfe auffindbar, zugänglich und nutzbar sind. Gemäß § 8 Abs. 5 BGG sind öffentlich zugängliche Verkehrsanlagen und Beförderungsmittel im öffentlichen Personenverkehr nach Maßgabe der einschlägigen Rechtsvorschriften des Bundes barrierefrei zu gestalten.

Ist ein Beförderungsmittel nicht barrierefrei, ist zu prüfen, ob durch sog. angemessene Vorkehrungen der Verdacht der Benachteiligung i.S.d. BGG aufgehoben werden kann. Gemäß § 7 Abs. 2 BGG liegt eine Benachteiligung vor, wenn angemessene Vorkehrungen versagt werden. Es gilt also, individuelle Maßnahmen für den Einzelfall zu finden, welche die bestehenden Defizite in der konkreten Situation beheben. Das Gebot angemessener Vorkehrungen i.S.d. BGG ist auch bei der Ausübung von Ermessen zu berücksichtigen. So müssen die handelnden öffentlichen Stellen Beeinträchtigungen, Barrieren und Behinderungen sowie die Vermeidung von Benachteiligung als abwägungserbliche Belange der Auslegung unbestimmter Rechtsbegriffe bzw. des Ermessens berücksichtigen[11]. Begrenzt wird die Pflicht zu angemessenen Vorkehrungen dann, wenn diese eine „unverhältnismäßige oder unbillige Belastung" darstellen. Die Beweislast hierfür liegt bei dem Verpflichteten.

Der Bund trägt im Rahmen der Rechts- und Fachaufsicht die Verantwortung dafür, dass die Verkehrsunternehmen für ihre Fahrgäste angemes-

11 Vgl. *Welti*, in: Das BGG in Recht und Praxis, S. 7, 11.

sene Vorkehrungen treffen, um strukturelle Mängel der Barrierefreiheit auszugleichen[12].

Auch die privatrechtlich organisierten Verkehrsunternehmen werden darüber hinaus in engen Grenzen unmittelbar verpflichtet. Dies ist zum einen der Fall, wenn es um Probleme der Barrierefreiheit der Informationstechnik[13] geht. Hier ist der Kreis der durch das BGG Verpflichteten weiter als bei den anderen Dimensionen der Barrierefreiheit. Das Gesetz verpflichtet im Bereich der Informationstechnik nicht nur die Träger öffentlicher Gewalt, sondern die öffentlichen Stellen des Bundes. Zu den öffentlichen Stellen gehören auch privatrechtlich organisierte Unternehmen und Einrichtungen, wenn sie der Bundesverwaltung zurechenbar sind. Dies ist insbesondere dann der Fall, wenn der Bund überwiegend an der Finanzierung beteiligt ist oder Aufsichtspflichten gegenüber dem Unternehmen bestehen.

Zum anderen können Privatunternehmen mit Publikumsverkehr seit 2021 Gegner in Schlichtungsverfahren nach dem BGG sein, wenn sie Menschen mit Behinderungen in Begleitung mit Assistenzhunden den Zutritt verweigern, soweit nicht der Zutritt eine unverhältnismäßige und unbillige Belastung darstellt[14].

II. Ablauf des Schlichtungsverfahrens

Neben Einzelpersonen können auch nach § 15 Ab. 3 BGG anerkannte Verbände einen Antrag auf Einleitung eines Schlichtungsverfahrens stellen, wenn sie den Verstoß eines Trägers öffentlicher Gewalt des Bundes gegen das Benachteiligungsverbot oder eine Verpflichtung zur Herstellung der Barrierefreiheit oder gegen ein der in § 15 Abs. 1 S. 1 Nr. 3 BGG genannten Vorschriften des Bundesrechts zur Verwendung von Gebärdensprache oder anderer geeigneter Kommunikationshilfen behaupten.

---

12 Konkret hatte sich die Schlichtungsstelle BGG mit einem Verfahren auseinanderzusetzen, in dem es um die Verpflichtung zu Hilfeleistungen an nicht barrierefreien Bahnhöfen in und außerhalb der aktuellen Servicezeiten ging. Vgl. hierzu *Tolmein*, EU-Fahrgastrechte und die Beförderungssituation von Menschen mit Behinderungen im Deutschen Bahnverkehr.

13 Für diesen Bereich wurde durch das Gesetz zur Verlängerung befristeter Regelungen im Arbeitsförderungsrecht und zur Umsetzung der Richtlinie (EU) 2016/2102 über den barrierefreien Zugang zu den Websites und mobilen Anwendungen öffentlicher Stellen für den Bereich der barrierefreien Informationstechnik eine Ausweitung auf öffentliche Stellen des Bundes vorgenommen.

14 Vgl. §§ 12e ff. BGG.

Die Teilnahme an der Schlichtung ist für Fahrgäste und Antragsgegner freiwillig. Die Schlichtung wird in der Regel im schriftlichen Verfahren durchgeführt. Die schlichtende Person fordert in der Regel zunächst die beteiligte Stelle auf, innerhalb eines Monats zu dem Antrag Stellung zu nehmen. Der weitere konkrete Ablauf des Verfahrens wird unter Berücksichtigung der Grundsätze der Unparteilichkeit und Billigkeit bestimmt. Kommt es nicht zu einer Einigung, unterbreitet die schlichtende Person nach eingehender Prüfung der Sach- und Rechtslage in der Regel einen schriftlichen Schlichtungsvorschlag. Dieser muss sich am geltenden Recht orientieren und nachvollziehbar begründet sein. Wird dieser angenommen, endet das Schlichtungsverfahren hiermit. Anderenfalls erhalten die Parteien gemäß § 9 Abs. 1 BGleisV eine schriftliche Mitteilung über die erfolglose Durchführung des Schlichtungsverfahrens.

Die Durchführung des Schlichtungsverfahrens ist für Menschen mit Behinderungen ein zusätzliches Angebot zur Konfliktklärung. Die Möglichkeit, den Rechtsweg durch fristgebundene Rechtsbehelfe zu beschreiten, wird nicht beeinträchtigt. So beginnt die Widerspruchsfrist erst mit Beendigung des Schlichtungsverfahrens, soweit der Antrag innerhalb der Widerspruchsfrist gestellt wurde, § 16 Abs. 2 S. 3 BGG. Diese bis dahin nur für das Widerspruchsverfahren geltende Regelung war 2018 auch auf andere fristgebundene Rechtsbehelfe, insbesondere also gerichtliche Verfahren, ausgedehnt worden

Für Verbände sind Schlichtungsverfahren ein notwendiges Vorverfahren vor Verbandsklagen, vgl. § 15 Abs. 2 S. 5 BGG[15]. Das Behindertengleichstellungsgesetz gehört damit zu den Gesetzen, die Verbänden abweichend vom Prinzip des Individualrechtsschutzes unabhängig von einer Verletzung eigener Rechte eine Möglichkeit der Klage einräumen. Dies dient wie auch bei anderen Verbandsklagen dazu, die tatsächlich bestehenden Hürden des Rechtsschutzes für Individuen auszugleichen[16]. Verbände können Verstöße gegen verschiedene gesetzliche Vorschriften zur Barrierefreiheit feststellen lassen. Hierzu gehören § 8 Abs. 3 S. 3,4 sowie § 13 Abs. 2a Personenbeförderungsgesetz, § 2 Abs. 3 der Eisenbahn-Bau- und Betriebsordnung, § 3 Abs. 5 S. 1 der Straßenbahn-Bau- und Betriebsordnung sowie §§ 19d, 20b des Luftverkehrsgesetzes.

---

15 Die Verbandsklage ist nicht als Leistungsklage, sondern nur als Feststellungsklage statthaft, vgl. *Winkler*, in: Neumann/ Pahlen/ Greiner/ Winkler/ Jabben, 14. Aufl. 2020, SGB IX, § 15 BGG, Rn. 3.

16 *Willig*, Rechtliche Instrumente zur Durchsetzung von Barrierefreiheit, in: Welti (Hrsg.), Rechtliche Instrumente zur Durchsetzung von Barrierefreiheit, S. 7, 14.

In der Zukunft wird sich zeigen, in welchem Umfang gerade auch Verbände die in Deutschland noch bestehenden Defizite der Barrierefreiheit von Verkehrsleistungen zum Gegenstand von außergerichtlichen und gerichtlichen Verfahren machen.

Werkstattbericht zum Projekt „InklusionsTaxi – Taxi für Alle“ Barrierefreiheit im ÖPNV aus der Perspektive eines praxisbezogenen Projektes zur Verbesserung der Mobilität von Menschen mit Behinderungen

*Monika Paulat**

A. Was haben Taxis mit dem (barrierefreien) ÖPNV zu tun?

Ein Taxi ist ein von einem freien Unternehmer betriebenes Kraftfahrzeug, das am öffentlichen Straßenverkehr teilnimmt. Es transportiert Menschen von einem Ort zu einem mehr oder weniger weit entfernten anderen Ort. Niemand stellt sich vor, dass das Taxi ein Teil des öffentlichen Personennahverkehrs sein könnte. Aber: Bei genauerer Betrachtung fällt auf, dass ein Taxi keineswegs ein gewöhnliches privates KfZ ist. Der Taxiunternehmer und die -unternehmerin haben eine Verpflichtung zum Transport von Fahrgästen und sie sind an einen Tarif gebunden, können also das Beförderungsentgelt nicht selbst bestimmen.

Daraus leitet sich ab, dass Taxis zwar keine Verkehrsmittel des öffentlichen Personennahverkehrs im engen Sinne sind, dass sie aber als Ergänzung des schienen- und liniengebundenen Personennahverkehrs zu denken sind. Eben deshalb haben sie mit dem ÖPNV zu tun, und wenn dessen Barrierefreiheit diskutiert wird, ist auch die Barrierefreiheit von Taxis zu diskutieren.

B. Das Projekt „InklusionsTaxis – Taxis für Alle“

Das Projekt „InklusionsTaxi – Taxi für Alle“ ging von einem Vorschlag des Paritätischen Wohlfahrtsverbandes aus. Der Paritätische suchte nach einem Verband für die Umsetzung und fand ihn im SoVD Landesverband Berlin-Brandenburg. Projektstart war 2015 in Berlin. Das Ziel des von der Aktion Mensch geförderten Projektes war die Einführung von Taxis, die

---

* Die Verfasserin ist Präsidentin des Landessozialgerichts a.D. sowie Präsidentin des Deutschen Sozialgerichtstages e.V., Potsdam.

zur Beförderung von auf den Rollstuhl angewiesene Menschen ausgerüstet sind. Es geht um die Beförderung von Menschen, die den Rollstuhl nicht verlassen können. InklusionsTaxis (I-Taxis) sind abzugrenzen von den Sonderfahrdiensten für Krankentransporte. Die Idee des I-Taxis ist, Menschen zu befördern, die auf den Rollstuhl angewiesen sind, u n d gleichermaßen Menschen ohne Beeinträchtigung. Ein barrierefreies Taxi verwirklicht damit den weitgreifenden Inklusionsgedanken der seit 2009 in Deutschland geltenden UN-BRK und setzt die in nationaler Gleichstellungsgesetzgebung (hier insbesondere im Bundesteilhabegesetz) verankerte barrierefreie Mobilität um.

I-Taxis bedürfen einer besonderen Ausrüstung, um im Rollstuhl sitzende Menschen befördern zu können. Das ist nur möglich in Kraftfahrzeugen der Van-Klasse. Die Vorrichtung im hinteren Teil des Fahrzeuges kann, wenn sie nicht gebraucht wird, weggeklappt werden und einer Sitzreihe Platz machen. Die Handhabung ist einfach. Die Aus- bzw. Umrüstung kostet zwischen 8.000,00 EURO und 15.000,00 EURO je nach Fahrzeugtyp.

Das Projekt dient der Förderung von I-Taxis in Berlin und in Brandenburg. Begonnen hatte es in Berlin. Dort konnte nach intensiver Vorarbeit erreicht werden, dass der Senat auf der Grundlage der Koalitionsvereinbarung zur barrierefreien Mobilität Geld in die Hand genommen hat, um Taxiunternehmern den Umbau bzw. die Ausrüstung von Taxis zu I-Taxis zu finanzieren. Aufgrund einer Bedarfsberechnung sind in den Haushalt Mittel für die Förderung von 250 Taxis eingestellt. Die Förderung verwaltet das Landesamt für Gesundheit und Soziales, das auch Fahrerschulungen organisiert. Diese Schulungen erstrecken sich auf die technische Handhabung wie auf den Umgang mit Menschen mit Behinderungen.

Menschen mit außergewöhnlicher Gehbehinderung (Merkzeichen „aG“) können in Berlin I-Taxis nutzen, um – wie Menschen ohne Behinderung auch – wunschgemäß von Tür zu Tür zu gelangen. Sie sind nicht angewiesen auf Bus und Bahn, deren Barrierefreiheit so optimal noch immer nicht ist. Es verbessert sich die versprochene Teilhabe am gesellschaftlichen Leben durch Verbesserung der Mobilität und Flexibilität. I-Taxis sind „gelebte“ Inklusion, weil sie für alle Menschen zur Verfügung stehen. Sie sind als Ergänzung zum schienen- und liniengebundenen Nahverkehr nicht nur nützlich, sondern zur Verwirklichung der UN-BRK notwendig. Sie schließen im Sinne der „letzten Meile“ die Lücken im Nahverkehr, die es auch in der Stadt gibt und erst recht im ländlichen Raum. Das I-Taxi ist ein Glied in der Beförderungskette.

Ein Bedarf nach I-Taxen besteht: In Berlin leben 350 000 Menschen mit Behinderung, in Brandenburg 325 000. Jeweils mehr als 30 000 dieser

Menschen sind außergewöhnlich gehbehindert und in der Regel auf den Rollstuhl angewiesen.

Vorbild für das I-Taxi ist das sog. London-Taxi. Seit dem Jahr 2000 sind in der britischen Hauptstadt alle Taxen – und das sind 20 000 (!) – barrierefrei. In New York sind von 23 000 Taxis 4 000 barrierefrei.

Der Berliner Teil des Projektes ist abgeschlossen mit dem positiven Ergebnis, dass der Senat Um- und Ausrüstung eines Taxis zum I-Taxi finanziell erheblich fördert. Allerdings: Die Mittel sind längst nicht ausgeschöpft. Auf der Straße befinden sich nur 10 % der Zielzahl 250 förderfähiger Taxis.

In Brandenburg befindet sich das Projekt, dessen Geschäftsstelle in Potsdam angesiedelt ist, mitten in der Arbeit. Das Projektteam hat auch in Brandenburg zahlreiche Aktivitäten entwickelt und vor allem bilaterale Gespräche mit den Akteuren in Frage kommender Kooperationspartner und Unterstützer geführt. Es wurden Kontakte zu Verkehrs- und Sozialpolitikern und -politikerinnen geknüpft, zu Verkehrsbetrieben, Betroffenen, Verbänden, zur Landesbeauftragten für die Belange von Menschen mit Behinderungen, zur Beauftragten der Landeshauptstadt Potsdam und zu anderen kommunalen Beauftragten, zu Kommunalverwaltungen, zu Taxiunternehmern und -unternehmerinnen, zur Tourismuswirtschaft. Insbesondere hat sich das Projekt an den Landkreis Dahme-Spree gewandt, in dessen Zuständigkeitsbereich der (im Oktober 2020 eröffnete) BER liegt. Hier soll ein Pilotprojekt starten mit dem Einsatz von I-Taxis. Eine weitere Pilotierung in einem räumlich entfernteren Landkreis ist ebenfalls geplant. Das Projekt organisiert Veranstaltungen, etwa in Form von Gesprächsrunden, und konnte sich im Landtagsausschuss für Infrastruktur und Landesplanung vorstellen. Der ganz überwiegende Teil der Gesprächspartner und Gesprächspartnerinnen zeigt sich sehr interessiert und sagt seine Unterstützung zu.

I-Taxis sind in einigen bundesdeutschen Großstädten bereits unterwegs: München, Mannheim, Stuttgart; weitere Städte und auch kleinere Gemeinden fragen nach.

C. *Schwierigkeiten der Umsetzung, Widerstände*

Eine der Schwierigkeiten, mit denen das Projekt zu tun hat, ist die große Zahl der zu beteiligenden und zu überzeugenden Akteure. Ein weiteres Hemmnis ist leider ein gewisses Zuständigkeitsgerangel zwischen Verkehrsministerium und Sozialministerium. Das Verkehrsministerium sieht, es geht um Menschen mit Behinderung; also „muss“ das Sozialministerium zuständig sein. Dieses sieht, es geht um Verkehr, also „muss“ das Verkehrsministerium zuständig sein. Beide verkennen, dass es sich um ein Schnittstellenthema handelt, das beide angeht. Schwierig ist natürlich auch die Frage der Finanzierung in Zeiten wie diesen. Sie hätten kein Geld, sagen die Ministerien. Es bestehen aber neben der Förderung durch öffentliche Haushaltsmittel andere Möglichkeiten, deren Realisierung bei entsprechendem politischem Willen denkbar wäre und die die öffentlichen Kassen schonen würden. Vorstellbar wäre etwa eine Ausgleichsabgabe der Taxiunternehmer nach Art der Ausgleichsabgabe bei Nichteinstellung von schwerbehinderten Menschen. In Erwägung könnte gezogen werden, den Taxitarif für alle Fahrgäste zu erhöhen, was den einzelnen Fahrgast in nur sehr geringer Höhe belasten würde. Und die Anschaffung eines I-Taxis könnte schließlich dadurch an Attraktivität gewinnen, dass diesen Taxis durch entsprechende Vorfahrtsregelungen ein Wettbewerbsvorteil verschafft würde. Hier wäre die Vorfahrtsregelung für E-Taxis ein Vorbild.

Keine Alternative darf sein, einen sog. „Rolli-Zuschlag“ für Taxifahrten beim Transport von Rollstuhlfahrern und -fahrerinnen zu erheben. So verfährt unglückseligerweise die Stadt Amberg in Bayern und verletzt damit, so kann man es nur sagen, das Inklusionsprinzip wie das Gleichstellungs- und Diskriminierungsverbot.

Eine Umsetzungsschwierigkeit ist überdies die Schaffung von Nachhaltigkeit. Taxiunternehmer fragen mit Recht, was denn nach Ende der zeitlich befristeten Förderung sei. Nachhaltigkeit würden nonmonetäre Förderungen der zuletzt genannten Art schaffen können.

Aus dem Bereich des Taxigewerbes kommt selbst aber eine der größten Schwierigkeiten, die der Einführung von barrierefreien Taxis in bedarfsgerechter Zahl entgegenstehen. Die Taxiunternehmer und -unternehmerinnen zögern, die Förderung zu beantragen (in Berlin) oder das nötige Interesse zu entwickeln (in Brandenburg). Sie sehen nicht, dass sich mit I-Taxis ein neues Geschäftsfeld eröffnet. Erschwerend kommt hinzu, dass in Brandenburg das Gewerbe sehr zersplittert ist und kein Dachverband existiert.

Seit einiger Zeit aber ist erfreulicherweise ein gestiegenes Interesse an Förderung zu registrieren.

D. Novellierung des Personenbeförderungsgesetzes

Die Umsetzungsprobleme gäbe es nicht, wenn barrierefreie Taxis verpflichtend wären. Das Projekt hat sich gemeinsam mit dem SoVD Bund, dem SoVD-Landesverband und dem Deutschen Behindertenrat (DBR) mit ausformulierten Vorschlägen zur Novellierung des Personenbeförderungsgesetzes (PersBefG) eingebracht. Unterstützung gab auch das Deutsche Institut für Menschenrechte (DIMR). Die Änderungsvorschläge wurden in den Referentenentwurf des Bundesverkehrsministeriums aufgenommen. In die gesetzliche Pflicht zum Aufbau eines barrierefreien ÖPNV bis 2022 sind danach auch Taxis und Mietwagen einbezogen. Weiterer Konkretisierungsbedarf bestand bei der Definition des Begriffs des barrierefreien Taxis sowie bei der Frage der Mindestverfügbarkeit barrierefreier Taxis je Unternehmer. Ergänzt um diese Punkte ging der Referentenentwurf in die Kabinettsberatung am 16.12.2020.

Nachtrag: Der Beschluss des Bundeskabinetts vom 16.12.202 zur Novellierung des PersBefG ignoriert die von SoVD, DBR und DIMR erhobenen Forderungen, die bereits in den Referentenentwurf eingeflossen waren. In § 64 c Abs. 2 wurden sogar entgegen deren Petitum weitere Ausnahmetatbestände geschaffen, die die Verpflichtung zur Barrierefreiheit im Ergebnis aufheben. Es fehlt nun auch wieder an einer unbedingt notwendigen Definition des barrierefreien Taxis. Auch die bestehende Bindung von 5 % Anteil an barrierefreien Fahrzeugen nur für Unternehmen mit einer Fahrzeugflotte ab 20 Fahrzeugen ist völlig unzulänglich, weil in ländlichen Regionen, also genau dort, wo die Beförderungskette abbricht, solch große Unternehmen kaum oder vielmehr gar nicht existieren. Einmal mehr wird der ländliche Raum vernachlässigt und bleiben Beschwörungen der Bundespolitik, den ländlichen Raum fördern und stärken zu wollen, Lippenbekenntnisse. Hier waren offenbar andere Interessen vorrangig.

E. Fazit: Barrierefreier ÖPNV von A nach B in der Stadt und auf dem Land – Wunsch oder Wirklichkeit?

Ein vollständiger barrierefreier ÖPNV ohne Lücken, ohne Unterbrechung oder Abbruch der Mobilitätskette in Stadt und Land kann nur durch den ergänzenden Einsatz von I-Taxis gelingen. Barrierefreier Personennahverkehr überall ist also mehr Wunsch als Wirklichkeit. Auf dem Weg, ihn zu verwirklichen, sind wir, aber das Ziel ist noch lange nicht erreicht. Wichtig ist die Kommunikation und die Kooperation aller, die den ÖPNV betreiben und gestalten. Das ist ein gemeinsamer Auftrag nicht nur deshalb, weil Barrierefreiheit im Gesetz steht. Barrierefreiheit zu schaffen und schaffen zu wollen, muss aus Überzeugung geschehen. Barrierefreiheit muss in Deutschland ein Qualitätsstandard sein bzw. werden. So hat es der Beauftragte der Bundesregierung für die Belange von Menschen mit Behinderungen Jürgen Dusel formuliert.

Zeitfracht Medien GmbH
Ferdinand-Jühlke-Straße 7
99095 Erfurt, Deutschland
produktsicherheit@kolibri360.de